PRIN CREDINȚĂ

„Prin credință, ultima ofertă a pastorului Sam Polson, va fi o carte bine primită de cercetătorii serioși ai Bibliei. Prin credință explorează marele capitol al credinței, Evrei 11, cu o atenție sporită și convingătoare dedicată părții aplicative. Fiecare capitol se încheie cu un extraordinar ghid C.E.A.R. (Citește, Explorează, Aplică, Roagă-te). Fiecare capitol este presărat cu comentarii folositoare. De pildă, „Dacă Dumnezeu este co-pilotul tău, stai pe locul greșit!" Cu siguranță, Prin credință va fi o achiziție folositoare pentru biblioteca fiecărui cercetător serios al Bibliei."

— Dr. Steve Euler, Pastor senior pensionat al Grace Baptist Church, Chattanooga

„Atunci când vine vorba despre a ne atinge țelurile în viață, fundamentele sunt întotdeauna cheia succesului. Cred că exact acesta este lucrul pe care pastorul Sam Polson a reușit să îl realizeze în noua sa carte, Prin credință. În această carte, el nu doar prezintă într-un mod accesibil fundamentele credinței noastre, dar îl călăuzește pe credincios pe drumul trăirii practice a credinței, cu pași clari și logici. Vei fi binecuvântat!"

— Mark Kirk, Pastor senior la Calvary, Knoxville

„Fiecare credincios are nevoie de Cuvântul lui Dumnezeu ca o ancoră pentru a se opri, pentru a răsufla, pentru a medita și reflecta asupra lui. În Prin credință, pastorul Polson ne oferă o ancoră pictată cu atenție, folosind Evrei 11 ca o pânză, pentru a te ajuta să te bucuri de darurile lui Dumnezeu."

— Dr. David Trempe, Capelan executiv al Royal Chaplain Corps

„Unele cărți ar trebui gustate; unele ar trebui savurate; câteva ar trebui devorate. Prin credință, scrisă de prietenul meu de o viață, Sam Polson, se încadrează în cea de-a treia categorie. El încurajează cititorul să îmbrățișeze atât binecuvântările, cât și încercările experimentate de aceia care Îl urmează pe Dumnezeu. Expunerea capitolului 11 din Evrei ne deschide ușa către o nouă înțelegere a călătoriei vieții noastre, folosind o cheie importantă—CREDINȚA. Inima de pastor a lui Sam și preocuparea sa sinceră pentru toți oamenii se revarsă în aceste pagini (pline cu conținut biblic atrăgător și povestiri populare ce angajează atât mintea, cât și inima) și echipează o persoană pentru a trăi într-un mod care să Îi aducă plăcere lui Dumnezeu Însuși. (Evrei 11:6) O recomand din toată inima."
— *Marvin Brubacher, Director executiv al MentorLink, Canada*

„Fiecare urmaș al lui Isus are o versiune personalizată a eroilor credinței din Evrei 11. Bărbați și femei care au stabilit ritmul călătoriilor noastre prin credință. Sam Polson este unul dintre eroii credincioși din viața mea. Prin această carte vei fi încurajat de inima, speranța și înțelepciunea care au încurajat călătoria mea timp de două decenii."
— *Rick Dunn, Pastor coordonator al Fellowship Church, Knoxville*

Prin Credință

*Principii permanente pentru a rămâne pe cale,
din Evrei 11*

de Sam Polson

PRIN CREDINȚĂ
Scrisă de Sam Polson

Ghiduri C.E.A.R. de Joe Kappel
Editată de Lisa Soland
Traducerea în limba română: Geanina Făt, Valentin Făt.

Text copyright © 2018 Sam Polson

Toate drepturile rezervate. Nicio parte din această publicație nu poate fi reprodusă, stocată într-o bază de date sau transmisă, sub nicio formă sau mijloace, electronice, mecanice, fotocopiere înregistrare sau altele, cu excepția unor scurte pasaje în recenzii scrise, fără acordul scris al autorului.

Toate citatele biblice sunt preluate din versiunea Cornilescu, 1923.

Publicată în 2019 de
Climbing Angel Publishing
PO Box 32381
Knoxville, Tennessee, 37390
http:/www.ClimbingAngel.com

Prima ediție Decembrie 2018
Tipărită în Statele Unite ale Americii
Fotografie copertă de Jim McCormick, făcută la Big South Fork
    National River and Recreation Area
Coperta și designul de Zachary Hodges
Design interior de Climbing Angel Publishing

ISBN: 978-1-64370-032-8
Biblioteca Congresului: 2018960809

Această carte este dedicată celui mai măreț exemplu de trăire prin credință din viața mea,

tatălui meu,

Luther C. Polson

(1911-1998)

CUPRINS

Introducere   *xiii*

Capitolul 1: CREDINȚA: CHEIA ESENȚIALĂ   1

Capitolul 2: O UMBLARE ÎN ÎNCHINARE   29

Capitolul 3: URMÂND INSTRUCȚIUNILE   53

Capitolul 4: LEGAȚI DE CER   79

Capitolul 5: CREDINȚĂ PÂNĂ LA LINIA DE SOSIRE   99

Capitolul 6: DECIZII BAZATE PE CREDINȚĂ   125

Capitolul 7: ISTORISIRILE SLAVEI   151

Capitolul 8: ȚINTA CREDINȚEI   181

Introducere

Epistola către Evrei a fost scrisă în urmă cu peste 1900 de ani pentru biserica din toate vremurile, dar, în mod special, a fost scrisă pentru credincioșii evrei care crezuseră în Isus ca Mesia. Aceștia au fost martori ai împlinirii promisiunilor care fuseseră făcute de către profeți și au crezut că Isus este rege.

Cu toate acestea, în perioada de început a credinței lor, aceștia au realizat că Împărăția lui Isus nu era genul de împărăție pe care îl așteptaseră. El nu avea să se revină curând pentru a domni, iar ei nu aveau să împartă curând domnia cu El pe pământ.

Pe lângă aceasta, era dificil să fii un urmaș al lui Isus. Mulți dintre acești noi credincioși îndurau greutăți teribile din cauza credinței lor în Isus ca Mesia. Mulți dintre ei erau ispitiți să se întoarcă la viața pe care o trăiseră înainte de a se încrede în Domnul. Acestor oameni care experimentau crize majore ale credinței, Dumnezeu le-a adresat mesajul Epistolei către Evrei. Acești credincioși de la început aveau nevoie să fie avertizați să nu dea înapoi și încurajați să meargă înainte.

Pentru a-i încuraja să meargă înainte, autorul Epistolei către Evrei îi duce în trecut și le reamintește viețile părinților lor în credință, marii eroi ai Vechiului Testament. Le reamintește că persecuția, necazurile și greutățile nu sunt ceva nou. Exact așa cum acei credincioși vechi testamentari au fost nevoiți să lupte pentru a înainta, autorul Epistolei îi încurajează pe acești creștini de la început să lupte, la rândul lor, pentru înaintarea credinței lor.

Mă rog ca, în timp ce călătorim împreună prin aceste istorisiri, fiecare dintre noi să fie motivat să își continue călătoria înainte. Știu că acestea sunt vremuri dificile. Sunt conștient de modul în care cultura din jurul nostru pare să devină tot mai împotrivitoare Evanghliei lui Hristos. Știu că nu este ușor să-L urmezi pe Domnul Isus, dar, acesta nu este timpul în care vreunul dintre urmașii Domnului să dea înapoi. Trebuie să continuăm, să înaintăm...prin credință. Acum, mai mult ca oricând înainte, în țara noastră este nevoie de mărturia fiecărui credincios, iar întreaga lume are nevoie de martori statornici pentru Hristos. Acum este nevoie de noi!

Biblia prezice faptul că, pe măsură ce ne apropiem de sfârșitul acestui veac, vor veni vremuri cumplite, dar în astfel de vremuri de întunecime spirituală, lumina credinței strălucește cel mai puternic. Trebuie să înaintăm nu doar ca persoane individuale, dar și ca adunări.

Bisericile Domnului nostru au nevoie de o dedicare reînnoită pentru a înainta.

Nicio biserică nu poate fi credincioasă Domnului privind înapoi. Domnul face întotdeauna lucruri noi. El este Dumnezeul viu, Dumnezeul care trăiește și lucrează în mijlocul poporului Său. El întotdeauna lucrează în poporul Său, prin Duhul, pentru a scrie istorisiri noi ale harului și adevărului Său, în fiecare generație. Să ne hotărâm ca, prin harul Său, să facem și noi parte din măreața istorie pe care Dumnezeu o scrie chiar acum.

Mă rog ca aceste mesaje, predicate mai întâi Bisericii Baptiste West Park, iar acum răspândite cu ajutorul cărții Prin Credință, vor fi folosite de Domnul pentru a-i inspira pe mulți dintre frații și surorile mele să „alerge cu stăruință în alergarea care ne stă înainte."

Sam Polson
Knoxville, Tennessee
Decembrie 2018.

1

CREDINȚA
Cheia esențială

„Și credința este o încredere neclintită în lucrurile nădăjduite, o puternică încredințare despre lucrurile care nu se văd."

Evrei 11:1

Experiența mea cu chei tangibile nu este una încurajatoare. Adesea se spune că „un nechibzuit se desparte repede de banii săi," dar în ce mă privește, „un nechibzuit se desparte repede de cheile sale."

În urmă cu mulți ani, familia noastră a plecat într-un concediu, împreună cu o altă familie, în Daytona Beach, Florida. Am condus tot drumul din Knoxville până în Daytona, planificând să stăm într-un apartament de lângă plajă. Sunt sigur că mulți știu ce înseamnă să mergi la plaja cu copiii când aceștia sunt mici. Mașina este plină cu fel și fel de chestii gonflabile.

Am călătorit toată ziua, am trecut granița în Florida, iar apoi ne-am oprit să luăm benzină și ceva de ronțăit. Am hotărât să verific câteva lucruri și am înlemnit când mi-am dat seama că uitasem cheile apartamentului. I-am spus asta soției mele, Susan și, din câte îmi amintesc, nu a răspuns nimic. S-a uitat la mine așa cum numai o soție poate să se uite la soțul ei. Apoi, am spus familiei cu care călătoream despre cheia uitată și i-am asigurat că totul va fi bine.

Am ajuns în Daytona Beach, am mers la administrator și i-am explicat situația. L-am rugat să ne permită să folosim cheia lui în ziua respectivă, asigurându-l că a noastră va ajunge prin curier rapid mâine. Răspunsul lui a fost că nu se poate, că este imposibil. Atunci, i-am arătat cartea de identitate și contractul de închiriere. Răspunsul a fost că înțelege, dar nu poate să ne ofere cheia. L-am rugat să-l sune pe proprietarul vilei care, cu siguranță, îi va spune că este în regulă. Mi-a răspuns că nu este autorizat să facă asta. După aceasta, nu am mai spus nimic. Mă uitam la el și gândeam: „ce ai de gând să faci, acum?"

Am sunat la Knoxville și am găsit pe cineva care avea o cheie pentru a intra în biserică, o altă cheie pentru a intra în biroul meu și o altă cheie pentru a descuia sertarul biroului meu unde pusesem cheia de la apartament. Acesta a dus cheia la aeroport, a pus-o pe un avion și peste patru ore cheia a sosit pe aeroportul din Daytona Beach. De acum eram cu toții extenuați, așteptând cheia. Ca să nu mai lungesc povestea, în cele din urmă am intrat în posesia cheii și am avut parte de o vacanță minunată. Cheile sunt obligatorii. Avem nevoie de chei oriunde mergem, iar dacă vom parcurge această călătorie ca urmași ai lui Dumnezeu, o cheie este absolut esențială. Descoperim această cheie esențaială în Evrei 11:1-3.

„Și credința este o încredere neclintită în lucrurile nădăjduite, o puternică încredințare despre lucrurile care nu se văd. Pentru că prin acestea, cei din vechime au căpătat o bună mărturire. Prin credință pricepem că lumea a fost făcută prin Cuvântul lui Dumnezeu, așa că tot ce se vede n-a fost făcut din lucrurile care se văd." (Evrei 11:1-3)

Cheia absolut esențială pentru călătoria urmașului lui Dumnezeu este credința. Prin credință putem continua, zi de zi, să trăim pentru Dumnezeu. În timp ce începem să privim la Evrei 11, adesea cunoscut ca galeria eroilor credinței, observați cele patru calități de bază pe care credința le furnizează.

ÎNCREDERE

Prima calitate pe care credința o aduce în viața noastră este încrederea. Biblia spune: „Și credința este o încredere neclintită în lucrurile nădăjduite." Cuvântul încredere este un cuvântul grecesc hypostasis care înseamnă „a sta pe" și se referă la o fundație, un sprijin sau piatră de temelie care susține o clădire. Este baza lucrurilor pe care le nădăjduim. Este temelia noastră.

Cuvântul încredere era folosit, de asemenea pentru a desemna un titlu de proprietate. Ideea ar fi următoarea: „Și credința este titlul de proprietate al lucrurilor nădăjduite." Nu e minunat? Precum un titlu de proprietate, credința stabilește că lucrurile pe care le anticipăm sunt deja ale noastre. Nu sunt ale altcuiva. Sunt ale noastre. Credința înseamnă să avem o încredere absolută, echivalentă cu a avea un titlu de proprietate al lucrurilor pe care le anticipăm.

În calitate de credincioși, trebuie să ne fie clar că această credință nu este o dorință. Unii oameni vorbesc despre „o credință oarbă," ca și cum credința creștină ar fi ceva similar cu credința într-un basm. „Sper și îmi doresc că acest lucru să se întâmple. Îmi doresc să se întâmple.

Sper că se va întâmpla." Unii creștini au impresia că aceasta este credința. A avea credință nu înseamnă a dori. În același timp, credința nu este un lucru cu care să ne deprindem și pe care să-l dezvoltăm în noi înșine, ca o abilitate. Nu poți spune „mă voi strădui să am o credință mai mare. Alți oameni au o credință mai mare decât mine și trebuie să lucrez pentru a crește credința mea. " Credința nu este o muncă. Biblia este foarte clară. Credința este un dar de la Dumnezeu. Este o încredere primită de la Dumnezeu, astfel încât să putem pretinde ca ale noastre, lucrurile promise de Dumnezeu. Credința este abilitatea dată de Dumnezeu pentru a cunoaște că ceea ce a promis este al nostru.

Credința este un dar de la Dumnezeu.

În Efeseni 2:8-9 ni se spune:

„Căci prin har ați fost mântuiți, prin credință. Și aceasta nu vine de la voi; ci este darul lui Dumnezeu. Nu prin fapte, ca să nu se laude nimeni."

Mântuirea este prin har, prin credință. Acest har, nu este realizarea noastră și nici măcar credința nu este realizarea noastră. Dumnezeu dăruiește puterea de a crede, de a avea credință și de a ne încrede în Isus Hristos. Credința este puterea pe care ne-o dă Dumnezeu de a lua ca ale noastre toate lucrurile care ne-au fost promise. Credința este ca pământul pe care umblăm. Ne dăruiește încrederea pentru a anticipa primirea tuturor lucrurilor care ne-au fost promise.

CONVINGERE

Credința oferă nu doar încredere, ci aduce și convingere în viețile noastre. Autorul Epistolei către Evrei spune „și credința este o încredere neclintită în lucrurile nădăjduite, o puternică încredințare [convingere, în traducerea engleză a Bibliei folosită de autor, n. trad.] despre lucrurile care nu se văd." S-ar putea să spui: „nu sunt încrederea neclintită și puternica încredințare același lucru?" Da, ele sunt similare, dar nu sunt identice.

Convingerea reprezintă lucrurile cu privire la care suntem încredințați în mintea noastră și care ne determină să răspundem sau să ne dedicăm. Nu înseamnă că doar știm ceva. Nu înseamnă că am descifrat ceva, iar acum înțelegem. Înseamnă că acum avem o asemenea convingere, încât suntem în stare să acționăm pe baza ei. Credința ne dă puterea să acționăm cu convingere. Este un răspuns la ceea ce știm că este adevărat.

Astfel, credința nu este neutră. Credința este o putere incredibilă a lui Dumnezeu. Atunci când Dumnezeu produce în inimile noastre minunea credinței și a harului, noi nu suntem doar convinși intelectual. Suntem convinși spiritual. Suntem motivați să acționăm pe baza credinței noastre, pentru că, după cum scrie în Iacov 2:26, „credința fără fapte este moartă."

Credința este conținutul. Este titlul de proprietate ale lucrurilor pe care le anticipăm. Credința aduce convingere, astfel că răspundem lucrării lui Dumnezeu în inimile noastre. Este ceva cu privire la care suntem convinși și pe baza căruia începem acum să acționăm.

Observați lucrul cu privire la care suntem convinși. Suntem lămuriți și convinși cu privire la lucrurile care nu se văd. Credința este convingerea cu privire la lucrurile care nu se văd. Credința îl face în stare pe un creștin să vadă cu adevărat lucrurile Domnului. Acestea sunt spirituale și nevăzute, dar sunt reale.

Credința este abilitatea de a ne organiza viețile pe baza realității acelor lucruri ce nu pot fi văzute. Credința operează pe tărâmul invizibilului. Credința nu operează în lumea basmelor care nu este reală. Credința operează în realitatea lucrurilor ce nu pot fi văzute. Nu înseamnă că acestea nu există. Ele există. Nu pot fi însă văzute.

Credinţa permite unui om să vadă realitatea nevăzută.

Este important să ne amintim că cele mai reale lucruri din univers sunt invizibile. Cele mai reale lucruri nu pot fi percepute cu simţurile fizice. Biblia ne spune că ceea ce putem vedea –lumea fizică, cerul de deasupra noastră– totul va dispărea într-o zi. Petru spune că totul se va topi de o mare căldură şi va trece cu trosnet (2 Petru 3:10). Dumnezeu va dezintegra universul prezent şi va crea un nou cer şi un nou pământ în care va domni neprihănirea, iar poporul lui va domni cu El. Pământul acesta nu este veşnic. Lumea aceasta nu este veşnică. Cu toate acestea, există o lume nevăzută care este veşnică. Minunea credinţei este cea care permite unei persoane să înceapă să acţioneze pe baza lucrurilor ce nu pot fi văzute.

Apostolul Pavel spune în 2 Corinteni 4:17-18:

„Căci întristările noastre de o clipă lucrează pentru noi tot mai mult o greutate veşnică de slavă. Pentru că noi nu ne uităm la lucrurile care se văd; căci lucrurile care se văd, sunt trecătoare, pe când cele care nu se văd sunt veşnice."

Credinţa este abilitatea de a fi atât de convins şi constrâns de lucrurile ce nu pot fi văzute—realităţile lucrurilor lui

Dumnezeu—astfel încât acestea devin însăși temelia vieților și a existenței noastre. Acum, care este suprema realitate nevăzută? Este Dumnezeu.

Suprema realitate nevăzută este Dumnezeu.

Cui vorbim atunci când ne închinăm? Pe cine înălțăm? Cui ne rugăm? Ne rugăm unei statui strălucitoare dintr-un templu? Unui chip cioplit în piatră? Nu! Ne închinăm înaintea Aceluia pe care nu îl putem vedea, dar care este.

Pavel i-a spus lui Timotei în 1 Timotei 1:17: „A Împăratului veșniciilor, a nemuritorului, nevăzutului și singurului Dumnezeu, să fie cinstea și slava în vecii vecilor! Amin." A avea credință înseamnă a umbla în realitatea Singurului Dumnezeu adevărat care este nevăzut. El nu poate fi văzut în natura sa pentru că este duh. Cu toate acestea, este real.

Pavel i-a spus lui Timotei în 4:10, în aceeași scrisoare:

> Pavel spune că noi mergem înainte pentru că avem „nădejdea," (încrederea noastră) „pusă" (convingerea noastră) în Dumnezeul cel viu.

Credința înseamnă încredere. Credința aduce convingere. Prin harul salvării, un creștin poate să îl vadă pe Dumnezeul nevăzut. El ni s-a făcut cunoscut ca realitatea supremă a vieților noastre. Prin credința pe care Dumnezeu ne-a oferit-o, ne punem încrederea în Dumnezeul cel viu, care nu poate să mintă. Aceasta este încrederea noastră și convingerea noastră.

LAUDĂ

Versetul 2 spune „Pentru că prin aceasta [credință], cei din vechime au căpătat o bună mărturie." Cine sunt cei din vechime? Aceștia sunt sfinții Vechiului Testament. Sunt cei care au trăit înaintea apostolilor și a primilor creștini.

Chiar la începutul capitolului 12 din Evrei, scriitorul consemnează: „Și noi, dar, fiindcă suntem înconjurați cu un nor așa de mare de martori..." Despre cine vorbește scriitorul? El vorbește despre oamenii din vechime. Cei care au trăit înainte—părinții credinței. El spune că „suntem înconjurați..." ca și cum am fi într-un stadion. Participi într-o competiție și ești înconjurat de acest nor mare, slăvit, de martori. Acei martori sunt credincioșii care au mers înaintea noastră, iar după 2000 de ani este vorba despre o mulțime mult mai mare! Sunt acolo, privindu-ne și încurajându-ne să mergem înainte.

Aceasta nu înseamnă că oamenii din cer ne pot vedea astăzi, dar marea lor rugăciune și dorință este ca biserica de aici, de pe pământ, să înainteze și să îl urmeze în continuare pe Domnul. Credința aduce această laudă. Lauda nu provine însă de la toți oamenii. Te asigur că dacă alegi să trăiești prin credință nu vei fi acceptat și lăudat de către lume. Sistemului lumii în care trăim nu îi place viața credinței adevărate.

Poți să ai o religie, iar oamenii te vor bate pe spate și îți vor spune „e foarte bine." Poți avea o religie și să mergi la biserică din când în când. Poate că spui o rugăciune înainte de masă. Foarte bine. Nu este nicio problemă cu privire la acest lucru. Poate că aparții unui grup sau unei asociații și vă rugați la începutul fiecărei întâlniri lunare. Ești o persoană bună și te înțelegi cu ceilalți. „Foarte bine," îți vor spune. Nimeni nu te va condamna pentru o asemenea viață. Dar, a-L urma pe Isus cu adevărat va aduce împotrivire.

În Ioan 15:20, Isus a spus „Dacă m-au prigonit pe Mine și pe voi vă vor prigoni." Viața în care-L urmezi pe Isus este cea mai minunată viață posibilă. Poți fi sigur însă că, dacă Îl urmezi pe Isus, nu vei urma „opinia populară." De fapt, dacă busola ta indică înspre „opinia populară," nu vei fi direcționat către Isus.

Dacă ești convins în mintea ta că există un Dumnezeu viu, că El a făcut anumite promisiuni cu privire la viitor, că a dat anumite porunci cu privire la prezent și te hotărăști cu toată inima ta să urmezi cu hotărâre acest Dumnezeu, să fii de acord cu ceea ce este El de acord și să respingi ceea ce El respinge, în mod garantat, va trebui să te împotrivești curentului opus al lumii, toate zilele vieții tale. Te vei împotrivi esenței sistemului lumesc.

Credința nu a fost niciodată corectă politic.

În timp ce privim la unele dintre viețile prezentate în Evrei 11, vom descoperi că unii dintre acești mari bărbați și femei ai credinței au întâmpinat cea mai mare opoziție din partea unor oameni care pretindeau că sunt „credincioși." Trăirea prin credință nu este întotdeauna încurajată de oamenii religioși.

Biblia spune că cei care trăiesc prin credință au fost lăudați pentru viețile lor. Așa că, în cele din urmă, totul are de-a face cu aprobarea pe care o dorești. Care este aprobarea pe care o dorești mai mult decât orice altceva? Viața ta și direcția ei, scopurile tale, valorile tale, deciziile tale vor fi, în cele din urmă, direcționate și controlate de persoana a cărei aprobare o dorești.

Dorești mai mult aprobarea lui Dumnezeu decât pe cea a șefului? Dorești mai mult aprobarea lui Dumnezeu decât aprobarea celui mai bun prieten? Dar a soțului sau a soției? A cui aprobare o dorești mai mult decât a oricui altcuiva? O persoană care trăieşte prin credinţă recunoaşte că, uneori, pentru a avea parte de zâmbetul cerului, trebuie să aibă parte de încruntare aici, jos pe pământ. Există vremuri când nu poţi să-L faci fericit şi pe Dumnezeu şi pe ceilalţi. Este o hotărâre pe care trebuie să o luăm cu toţii şi trebuie să o luăm regulat.

Inima mea a fost captivată, recent, ca nicicând înainte de cuvintele apostolului Pavel din Galateni:

„Caut Eu, oare, în clipa aceasta să capăt bunăvoinţa oamenilor, sau bunăvoinţa lui Dumnezeu, sau caut să plac oamenilor? Dacă aş mai căuta să plac oamenilor, n-aş fi robul lui Hristos." (Galateni 1:10)

Cuvântul pe care aş dori să-l observi şi pe care nu îl observasem niciodată înainte este micuţul cuvânt—mai. „Dacă aş mai căuta să plac oamenilor..." Ştii ce înseamnă acest lucru? Înseamnă că a existat un timp în viaţa lui Pavel când a încercat să mulţumească oamenii.

Poate că Pavel se referă la viaţa sa înainte de a-L întâlni pe Isus pe drumul Damascului. Nu putem fi siguri, dar cunoaştem că la un moment dat în viaţa sa, Pavel încercase să-i mulţumească pe liderii religioşi. La un moment dat, Pavel încercase să-i mulţumească pe cei care aveau autoritate, astfel încât să poată avansa în domeniul său. Pentru a face aceasta, a trebuit să-i mulțumească pe oameni. A venit însă un timp când a recunoscut: „Nu pot să-L mulțumesc și pe Dumnezeu, și pe ceilalți, pentru că nu aș mai fi slujitorul lui Hristos." Au existat oameni buni în viața mea, oameni care au avut o influență pozitivă asupra mea, oameni care au jucat un rol semnificativ în pregătirea mea pentru slujba Evangheliei, dar în cele din urmă, căutam aprobarea lor. A venit o vreme în care am recunoscut că nu puteam fi credincios chemării mele ca păstor, în timp ce dădeam întâietate aprobării lor. Nu puteam să merg cu credincioșie în direcția în care credeam că Domnul dorește să ne îndrepte ca biserică, dar să primesc și aprobarea lor. Eram îngrijorat că îi voi dezamăgi pe acești oameni buni, dar cu ajutorul lui Dumnezeu, am hotărât că trebuie să prețuiesc mai întâi aprobarea Lui, nu a oamenilor.

Vă rog să nu mă înțelegeți greșit. Îmi doresc să fiu iubit. Îmi doresc să fiu apreciat. Îmi doresc ca oamenii să aibă gânduri bune despre mine și nu este nimic greșit în a dori să fii în relații bune cu oamenii, dar există vremuri când trebuie să iei o hotărâre cu privire la aprobarea cui o dorești mai mult—a lor, sau a lui Dumnezeu. Credința este cea care-ți dă curajul să spui „eu Îl urmez pe Dumnezeu și trăiesc pentru a avea parte de aprobarea Lui."

S-ar putea să vină un timp în care vei descoperi că nu poți să mulțumești și sistemul lumesc și să-L mulțumești pe Salvatorul tău. Uneori trebuie să îți reamintești că zâmbetul lui Dumnezeu este mai important pentru tine decât încruntarea lumii, iar acest lucru, frânge inima. Dacă hotărăști să-L urmezi pe Isus, vei dezamăgi uneori oameni pe care îi iubești din toată inima. Sunt oameni buni, oameni care te sprijinesc în multe moduri. Dar, dacă Îl vei urma pe Isus, va trebui să îi dezamăgești uneori.

Ce învățăm din viața lui Isus? Care au fost vrăjmașii lui cei mai mari? Au fost ei oamenii din lume? Au fost romanii? Nu. Ce mai mari vrăjmași ai lui Isus au fost liderii religioși ai zilei. Cei mai mari oponenți ai lui Isus au fost oameni care puseseră mâna pe religia lui Dumnezeu, au descoperit cum să o folosească pentru putere și bani, iar apoi au folosit puterea și banii religiei în numele lui Dumnezeu, împotriva lui Isus. Ei erau vrăjmașii cei mai mari ai lui Isus.

Dacă te hotărăști să-L urmezi pe Isus, poți să te aștepți ca unii din cei care merg la biserică împreună cu tine să nu fie foarte încântați cu privire la dedicarea ta. Indiferent cât de ciudat ar suna, unii se vor bucura că vii la biserică, se vor bucura că îți aduci Biblia și vor fi chiar mulțumitori pentru că te rogi. Doar să nu Îl aduci pe Isus la biserică împreună cu tine.

Vezi, religia este foarte bună...problema este Isus. Necazul începe atunci când iei realitatea lui Isus cu tine oriunde mergi. Vei descoperi că oamenii care vorbesc despre Numele lui Hristos pot fi uneori cei mai înverşunaţi duşmani.

Dumnezeu este vrednic.

De ce căutăm lauda lui Dumnezeu? De ce ne încredem în El? Pentru că Dumnezeu este vrednic de încrederea noastră. Nu îl urmăm pe Isus datorită a ceea ce poate face pentru noi. Nu îl ascultăm pe Isus pentru că ne dorim o viaţă mai bună. Nu-L urmăm pe Domnul pentru ca lucrurile să meargă bine pentru noi 24/7. De ce Îl urmăm pe Hristos? Pentru că El este vrednic de a fi urmat. El este comoara ascunsă în ţarină. Este perla de mare preţ şi Îl iubim. Nimic nu este mai valoros decât El. Ne încredem în El pentru că este vrednic de încrederea noastră. Aprobarea cui o dorim? Ce întrebare! Priveşte în adâncul inimii tale şi întreabă-te—aprobarea cui o doresc? Cere-i Domnului să îţi descopere răspunsul sincer la această întrebare. Apoi, roagă-te cu privre la ceea ce ai descoperit.

    Credinţa îţi va oferi încredere, va fi asigurarea lucrurilor pe care le speri şi îţi va furniza convingerea cu privire la lucrurile nevăzute. Îţi va aduce, de asemenea laudă. Dumnezeu îţi va da aprobarea Lui, acum dar şi în ziua când vei sta înaintea Lui. Încă un lucru pe care credinţa îl oferă este un context în care să îţi trăieşti viaţa.

CONTEXT

Evrei 11:3 spune:

„Prin credinţă pricepem că lumea a fost făcută prin Cuvântul lui Dumnezeu, aşa că tot ce se vede n-a fost făcut din lucruri care se văd."

Cuvântul grecesc „rhema" este folosit aici şi înseamnă „cuvânt rostit." Prin credinţă pricepem că universul a fost creat prin Cuvântul lui Dumnezeu. Cum L-a creat? L-a creat prin Cuvântul pe care L-a rostit. Există unele lucruri pe care le înţelegem prin credinţă, nu prin propriile raţionamente.
 Creaţia este înţeleasă prin credinţă, nu prin ştiinţă. Ştiinţa, prin propria-i definiţie şi metodă, nu poate să stabilească originea vieţii. Metoda ştiinţifică adecvată presupune observare şi măsurare. Ştiinţa se bazează pe observare şi măsurare. Atunci când Dumnezeu a creat universul, nu a fost nimeni care să observe şi nu a fost nimeni care să măsoare. Acesta a fost creat de Dumnezeu atunci când nu exista nimic altceva, decât Dumnezeu.
 A fost o vreme când nu exista nimic altceva decât Dumnezeu. Dumnezeu, nu s-a bazat pe nimic, a vorbit ceva şi totul a început să existe. Acesta este exact lucrul pe care Biblia îl susţine.

Autorii unor manuale științifice nu își doresc să gândești în acest fel. Atunci când discută despre originea tuturor lucrurilor, își doresc ca tu să crezi că abordarea lor se bazează pe știință, dar nu este așa. Se bazează pe credință. Când oamenii de știință scriu pe tema originilor, își exprimă credința pentru că nu au fost acolo. Nimeni nu a observat creația și nimeni nu a măsurat-o pentru că nimeni nu a fost acolo. Toate teoriile privitoare la origini sunt declarații de credință.

Similar, Biblia începe cu o declarație de credință. Biblia nu este un manual științific, dar când vorbește despre știință, este precisă. Biblia începe cu credința.

„La început—Dumnezeu." Știința nu poate explica originea tuturor lucrurilor. Aceasta este o chestiune de credință. Dumnezeu nu încearcă niciodată să Își dovedească existența sau să explice cum a creat toate lucrurile. El spune pur și simplu „la început, Dumnezeu a făcut cerurile și pământul."

Atunci când privim la tot ce există, vedem slava creației. Până și natura și conștiința noastră ne spun că există o cauză primară. Dumnezeu a cauzat tot ceea ce există, fără materie preexistentă.

Materia nu este eternă. Dumnezeu este etern.

El este Dumnezeul care a creat materia. Credința înțelege aceasta. Există copii de patru ani care înțeleg mai multe decât unii oameni cu doctorate. Cei mici înțeleg că lumea a fost creată de Dumnezeu și că întreg pământul este în mâna Lui.

În Matei 11:25, Isus afirmă: „Te laud, Tată, Doamne al cerului și al pământului, pentru că ai ascuns aceste lucruri de cei înțelepți și pricepuți și le-ai descoperit pruncilor..." În Isaia 11:6 ni se spune, „le va mâna un copilaș," pentru că ei cunosc adevărul.

Dacă totul este creat de Dumnezeu, atunci eu sunt unul din acele lucruri create, iar dacă Dumnezeu m-a creat, atunci sunt răspunzător înaintea Lui pentru viața pe care mi-a dat-o. Acesta este punctul în care mulți oameni, în numele științei, nu vor să ajungă. Pentru că odată ce recunoști că există un Creator, trebuie să recunoști că ai fost creat, iar când recunoști că ai fost creat, înțelegi că trebuie să dai socoteală înaintea acelui Creator.

Adevărul acesta este suprimat în sistemul lumii. Lumea spune „Nu, nu ai un Creator. Nu există decât materie veșnică și printr-o forță, a interacționat, iar tu nu ești decât produsul materiei și energiei eterne, format de-a lungul unei perioade de timp. De aceea, nu ai un Creator și nu ești responsabil." Prin intermediul acestei filosofii devii propriul tău Dumnezeu. Interesant...îți amintești prima minciună a lui Satan? „Veți fi ca Dumnezeu."

Prima minciună a lui Satan: „Veţi fi ca Dumnezeu."

Stategia lui Satan nu s-a schimbat niciodată. El nu vine cu minciuni noi, ci doar le ambalează pe cele vechi. Credinţa oferă un context diferit. Credinţa declară „Sunt creat de Dumnezeu. Aceasta înseamnă că viaţa mea contează. Nu îmi regăsesc propriul chip în mine însumi. Îmi găsesc propriul chip în Dumnezeul meu. Nu-mi găsesc identitatea în mine însumi. Nu m-am creat pe mine însumi. Îmi găsesc identitatea în Dumnezeul meu care m-a creat. Dumnezeul meu este un Dumnezeu care are un scop. El nu face nimic la întâmplare, de aceea sunt pe acest pământ cu un motiv. Înţeleg din Cuvântul lui Dumnezeu nu doar că am un scop, dar că sunt şi iubit de acest Dumnezeu. Sunt iubit atât de profund, încât atunci când eram un rebel, înclinat înspre propria mea distrugere, Acest Dumnezeu m-a iubit şi m-a scăpat prin moartea propriului Său Fiu. Viaţa mea are importanţă înaintea lui Dumnezeu. Cum aş putea să nu-L slujesc pe Acest Stăpân?"

Credinţa ne oferă un context în care să trăim. „De ce sunt aici? De ce sunt în Împărăţie într-o asemenea vreme? De ce am această zi înaintea mea?" Fiecare zi este darul lui Dumnezeu pentru noi şi pentru că spunem „da" acestui dar, avem un context în care să ne trăim vieţile. Nu plutim în derivă prin această viață. Umblăm prin această viață împreună cu acest Dumnezeu.

> „Pentru că prin El [Fiul lui Dumnezeu] au fost făcute toate lucrurile care sunt în ceruri și pe pământ, cele văzute și cele nevăzute: fie scaune de domnii, fie dregătorii, fie domnii, fie stăpâniri. Toate au fost făcute prin El și pentru El." (Coloseni 1:16)

Prin credință, cunosc că Dumnezeu a creat cerurile și pământul, iar din moment ce Dumnezeu a creat toate lucrurile, m-a creat și pe mine. Cunoscând acest lucru, îmi trăiesc viața în acest context—că Dumnezeu m-a creat și că sunt responsabil și răspunzător înaintea Lui. Respingerea acestui fapt se bazează pe hotărârea de a nu-I da socoteală lui Dumnezeu.

Astfel, de ce a venit omul cu alte teorii ale creației? Pentru că odată ce o persoană recunoaște că există un Creator, acea persoană devine responsabilă ca parte a acelei creații. Această respingere a existenței unui Creator a produs în lumea de azi o întreagă filozofie bazată pe necredință. Necredință, nu îndoială. Opusul credinței nu este îndoiala. Opusul credinței este necredința. Necredința este o respingere voită a adevărului. Lumea respinge adevărul despre creație pentru că odată ce acesta este acceptat, oamenii devin răspunzători pentru acțiunile lor. „Vreau să trăiesc așa cum îmi doresc eu. Nu vreau să dau un raport cu privire la viața mea vreunui Dumnezeu. De aceea trebuie să resping ideea unui Creator pentru a fi cu adevărat liber." Satan este atât de mulțumit. El este încă la lucru.

La început, era doar Dumnezeu.

Există însă și un alt mod de a trăi și anume a trăi în libertatea care vine din adevăr. Isus a spus „Veți cunoaște adevărul și adevărul vă va face liberi" (Ioan 8:32). Adevărul suprem despre care Isus vorbea era El Însuși. El a spus ucenicilor Săi: „Eu sunt Calea, Adevărul și Viața. Nimeni nu vine la Tatăl decât prin Mine." (Ioan 14: 26). Isus spunea că oamenii trebuie să creadă în El ca adevăr suprem. Trebuie să aibă credință în El.

Totuși, ce înseamnă să ai „credință în Isus"? Este atât de important să definim precis „credința."

În urmă cu mulți ani, un misionar cu numele de John Paton, a călătorit pentru a evangheliza canibalii de pe insulele Noile Hebride din Pacificul de Sud. Dacă dorești să citești o carte uimitoare, citește autobiografia lui John Paton. Scopul lui Paton era să împărtășească cu oamenii de pe insulă mesajul salvării prin credința în Dumnezeul cerului și al pământului și în Fiul Său. A existat însă o mare problemă. Canibalii nu aveau niciun cuvânt pentru credință sau încredere.

John Paton s-a gândit: „Ce voi face? Cum pot împărtăși mesajul salvării prin credință, fără un cuvânt pentru credință?" Într-una din zile, el și unul dintre băștinași, cărau niște bagaje foarte grele. În timpul călătoriei, fiind foarte obosiți, s-au hotărât să se odihnească sub un copac.

Și-au pus lucrurile pe pământ și s-au întins, iar băștinașul i-a spus lui John Paton: „Ce bine e să ne putem întinde sub copacul acesta!"

Repede, John Paton a întrebat: „Care este cuvântul pentru 'a te întinde'?" Omul a rostit din nou cuvântul și John a exclamat: „Acesta este!" Știa că acesta va fi cuvântul pe care-l va folosi pentru a exprima „credința."

„Fiindcă atât de mult a iubit Dumnezeu lumea că L-a dat pe singurul lui Fiu pentru ca oricine 'se întinde' la umbra lui să nu piară, ci să aibă viață veșnică." Credința înseamnă să te întinzi la umbra lui Isus. Înseamnă să te încrezi, să te odihnești, să pui povara sufletului tău și greutatea veșniciei pe Fiul lui Dumnezeu. Asta este! Credința are de-a face cu o încredere totală, completă în Dumnezeu. Înseamnă a pune totul în mâna Lui. A-ți pune viața în mâna Lui. A-ți pune viitorul în mâna Lui, a-ți pune veșnicia în mâna Lui.

LĂSÂND TOTUL ÎN URMĂ, MĂ ÎNCRED ÎN EL

Scrierea cuvântului englezesc pentru credință ne poate ajuta cu această definiție. Dacă îți este greu să îți amintești ce înseamnă credința, amintește-ți cuvântul englezesc faith. Iată ce înseamnă credința în esența ei: uitând totul, cred în El [în limba engleză: Forsaking all, I trust him-- faith, n. trad.]. Așa că, întreabă-te: „Sunt eu în stare să-mi odihnesc sufletul deplin în Isus?"

Veșnicia stă în răspunsul tău. Unde vei fi de azi în o mie de ani? Vei fi viu, dar unde vei fi? Vei fi fie sub binecuvântare, fie sub blestem, iar lucrul acesta este hotărât de faptul că ai venit sau nu ai venit la credniță. Uitând totul, mă încred în El.

S-ar putea ca unii să spună: „Stai un pic, eu fac fapte bune. Pot să mă străduiesc, chiar să-mi depășesc norma și astfel să-mi câștig mântuirea." Nu, va trebui să lași în urmă această abordare. Trebuie să lași în urmă totul. Trebuie să lași în urmă și faptul că bunicul tău a fost un păstor sau că tatăl tău este un om evlavios. „Dar am fost crescut într-o familie creștină. Nu are nicio importanță?" În ceea ce privește sufletul tău, nu. Trebuie să lași și acest lucru în urmă.

Trebuie să lași în urmă și sistemul tău de credințe sau orice fel de religie care caută să schimbe relația ta cu Dumnezeu, contrar învățăturilor Bibliei. Uitând totul, mă încred în El. „Mă încred în Isus. Las în urmă „modul vechi de viață." Nu mai doresc să trăiesc așa. Doresc o nouă viață în Hristos. Sunt pregătit și sunt dispus să las orice altceva în urmă pentru o nouă viață în Hristos. Asta te cheamă Biblia să faci—să te pocăiești de păcatul tău și să-ți pui credința în Isus.

Ai venit la credință? Dacă nu, prietene, te implor, în numele lui Isus, vino la El. Lasă totul în urmă și vino la Isus azi. Unii dintre cei care citiți aceste rânduri s-ar putea să fiți convinși din punct de vedere mental, dar totuși să evitați pasul. S-ar putea să fiți convinși că toate acestea sunt adevărate, dar trebuie să spuneți astăzi: „Da, las totul în urmă pentru Isus." Dacă o faci, aceasta va fi ziua mântuirii tale. Aceasta va fi ziua în care viața ta va fi schimbată pentru totdeauna.

Uneori trebuie să ne reamintim că a fi creștini înseamnă să lăsăm totul în urmă pentru El. Pentru a-L urma pe Isus, trebuie să dăm drumul. Nu putem să controlăm. Isus nu poate fi Stăpân în același timp în care noi suntem stăpâni. Uneori, vedem acele mici abțibilduri pe care scrie „Dumnezeu este copilotul meu." Dar, prietene, dacă Dumnezeu este copilotul tău, te afli pe locul greșit.

Dacă Dumnezeu este copilotul tău,
te afli pe locul greșit.

Trebuie să te muți. Dumnezeu este șoferul. Lăsând totul în urmă, mă încred în El pentru a-mi conduce viața. Cred că planul Său este cel mai bun.

Nu este ușor să-L urmezi pe Isus. Poate va fi nevoie să lași în urmă o relație foarte specială. Poate va fi nevoie să lași în urmă o slujbă pentru a face ceea ce Domnul te cheamă să faci. Uneori există lucruri pe care Domnul ne cheamă să le lăsăm în urmă dacă vrem să-L urmăm pe El. Va trebui să le dăm drumul. Dar ne putem încrede în El.

Cum să nu ne încredem în cel care nu Și-a cruțat viața de dragul nostru? Când în mintea ta îți imaginezi că Dumnezeu îți deschide mâinile cu forța, privește la mâinile Lui. Vei observa că au urme de cuie. Cel care își desface mâinile, este cel care te iubește mai mult decât oricine altcineva. Poți să te încrezi în El. Isus Hristos e vrednic de credința ta în El.

GHID C.E.A.R.

CITEȘTE:

- Citește Evrei 11:1-3 de câteva ori.
- Care crezi că este ideea principală pe care autorul dorește să o comunice?

EXPLOREAZĂ:

1. Cum definește autorul credința în Evrei 11:1?
2. Versetul 3 se concentrează asupra creației originare a tuturor lucrurilor din nimic. Pe baza cărei autorități cunoaștem că Dumnezeu a făcut universul?
3. La fel ca „cei din vechime," pe ce ne putem baza siguranța că merită să Îl mulțumim pe Dumnezeu? (Evrei 1:1-2).

APLICĂ:

- Cum ai defini credința pentru un prieten necredincios, într-un mod care să fie conform cu învățătura Bibliei?
- Gândește-te la acest citat folositor al unui apologet creștin, John Lennox: „Credința nu este un salt în întuneric; este exact opusul. Este o dedicare bazată pe dovezi..." Consideri credința „un salt în întuneric?" De ce nu este explicația „saltului în întuneric" fidelă definiției credinței oferită în Evrei?

ROAGĂ-TE:

- Laudă-L pe Dumnezeu pentru ceea ce ai învățat despre El din Biblie astăzi. Mai privește o dată secțiunea „explorează" și închină-te înaintea Lui pentru ceea ce El este.
- Lăsând totul în urmă, de ce te încrezi total în Isus? Care sunt domeniile din viața ta pe care le ascunzi de Dumnezeu? Ți-a adus Duhul Sfânt în minte ceva specific? Dacă da, roagă-te cu privire la aceste aspecte din viața ta pe care încă nu I le-ai predat.

2

O Umblare în Închinare

„Și fără credință este cu neputință să fim plăcuți Lui! Căci cine se apropie de Dumnezeu, trebuie să creadă că El este și că răsplătește pe cei ce-L caută." (Evrei 11:6)

În timp ce privim la ce înseamnă să fim urmași ai lui Dumnezeu, nu există pasaj biblic mai potrivit pentru a ne ghida și inspira precum Evrei capitolul 11. Analizăm viețile marilor bărbați și femei care ne încurajează să facem exact ceea ce au făcut și ei—să-L urmăm pe Hristos. Aceste pilde timpurii de credincioșie au lăsat pentru noi urme în nisipul timpului, arătându-ne calea pe care trebuie să o urmăm atunci când Îl căutăm pe Domnul.

Scriu aceste cuvinte în miez de toamnă. Este un timp extraordinar pentru a sta afară. Dimineţile sunt reci, iar copacii încep să-şi schimbe culoarea. În ce mă priveşte, nu există niciun loc mai frumos ca partea de est a statului Tennessee, toamna. Îmi place să stau afară, să fac mişcare, să mă plimb şi caut să o fac cât mai des în timpul acestui anotimp. Nu doar că este un exerciţiu fizic, dar este şi un prilej minunat pentru a te ruga. Cu toată frumuseţea care mă înconjoară, umblarea devine închinare. Uneori, am înainte privelişti atât de minunate, încât mă opresc şi îmi concentrez toată atenţia asupra Domnului. Umblarea devine închinare. Trebuie să fim oameni care umblă după Dumnezeu şi se închină în timp ce merg.

Să privim la vieţile a doi dintre strămoşii noştri în credinţă care ne învaţă ce înseamnă să te închini şi să umbli prin credinţă. Citim despre aceşti doi strămoşi în Evrei 11:4-6:

> „Prin credinţă a adus Abel lui Dumnezeu o jertfă mai bună decât Cain. Prin ea a căpătat el mărturia că este neprihănit, căci Dumnezeu a primit darurile lui. Şi prin ea vorbeşte el încă, măcar că este mort. Prin credinţă a fost mutat Enoh de pe pământ ca să nu vadă moartea. Şi n-a mai fost găsit, pentru că Dumnezeu îl mutase. Căci înainte de mutarea lui, primise mărturia că

este plăcut lui Dumnezeu. Şi fără credinţă este cu neputinţă să fim plăcuţi Lui. Căci cine se apropie de Dumnezeu, trebuie să creadă că El este, şi că răsplăteşte pe cei ce-L caută."
(Evrei 11:4-6)

ABEL
Închinarea prin credinţă

Toţi strămoşii noştri din Evrei 11 ne prezintă diferite faţete şi aplicaţii ale credinţei. Abel ilustrează închinarea prin credinţă „Prin credinţă a adus Abel lui Dumnezeu o jertfă mai bună decât Cain." Geneza, capitolul 4, consemnează ce s-a întâmplat în ziua în care Abel şi fratele său Cain s-au înfăţişat înaintea Domnului în închinare.

„După o bucată de vreme, Cain a adus Domnului o jertfă de mâncare din roadele pământului. Abel a adus şi el o jertfă de mâncare din oile întâi născute ale turmei lui şi din grăsimea lor. Domnul a privit cu plăcere spre Abel şi spre jertfe lui; dar spre Cain şi spre jertfa lui, n-a privit cu plăcere. Cain s-a mâniat foarte tare, şi i s-a posomorât faţa." (Geneza 4:3-5)

Acest pasaj biblic este vital, pentru că este prima consemnare a unui act de închinare în Scripturi. Cu siguranță, acest timp a fost pus deoparte pentru închinare, pentru că Biblia afirmă că Abel și Cain s-au înfățișat înaintea Domnului „după o bucată de vreme" sau, literal, „la finalul unui timp timp stabilit."

Acesta nu este un eveniment care s-a consumat la inspirația de moment. Această „venire înaintea Domnului în închinare" a fost un eveniment planificat. Această relatare ne prezintă primii frați din Biblie—Cain și Abel. După cum vom vedea, aceștia reprezintă și două religii diferite. Din cauza aceasta, pasajul este atât de important.

Doi frați au venit să se închine. Unul reprezenta o religie care a fost acceptată de Dumnezeu, în timp ce celălalt reprezenta o religie care nu a fost acceptată de Dumnezeu. Acești doi frați care vin înaintea Domnului în două acte diferite de închinare, oferă răspunsul la două întrebări.

CUM TREBUIE SĂ NE APROPIEM DE DUMNEZEU?

Mai întâi, dacă Dumnezeul Bibliei este Dumnezeu, Domnul infinit și atotputernic al Cerului și al pământului, cum trebuie noi, păcătoșii, să ne apropiem de El? Este foarte important. Cain și Abel reprezintă două căi radical diferite de a te apropia de Dumnezeu. Abel s-a apropiat de Dumnezeu pe baza unei jertfe de sânge. El a adus înaintea Domnului jertfa de sânge a oilor întâi născute din turma lui, un animal înjunghiat care să îl înlocuiască. Cain s-a apropiat de Dumnezeu aducând din roadele câmpului, din bunurile obținute în timpul secerișului. Abel s-a apropiat de Dumnezeu pe baza unui înlocuitor viu care a fost jertfit în locul său. Fratele lui, Cain, s-a apropiat de Dumnezeu pe baza propriilor realizări, pe baza faptelor lui, aducând o jertfă fără vărsare de sânge.

Pentru ca să nu înțelegem greșit lucrurile, trebuie să ne reamintim că Dumnezeu arătase clar modul în care păcatul trebuia acoperit. Vă mai amintiți momentul în care Adam și Eva au păcătuit în grădina Eden? După ce Dumnezeu a rostit blestemul pe care păcatul comis îl adusese în viețile lor, Biblia ne spune că tot Dumnezeu i-a îmbrăcat cu piei de animale. Păcatul lui Adam și al Evei a fost acoperit prin actul jertfirii unui animal. Cuvântul folosit aici pentru „îmbrăcat" este același cuvânt care transmite ideea de ispășire. Goliciunea celor doi, reprezentând goliciunea lor spirituală, a fost acoperită cu pieile animalelor. Adam și Eva, părinții lui Cain și ai lui Abel, știau că nu te poți apropia de Dumnezeu decât pe baza unei jertfe înlocuitoare, dar nu acesta a fost modul în care Cain a dorit să se închine.

Cain a venit cu propriul său mod de a se apropia de Dumnezeu. Este cât se poate de clar că inima sa nu era curată pentru că versetele următoare ne spun că și-a omorât fratele, pe Abel. Jertfa lui Cain nu a fost corectă, iar inima lui nu a fost curată. El a dorit să se apropie de Dumnezeu pe propria lui cale—nu prin credință, ci prin mândria faptelor. Jertfa lui a fost respinsă. Închinarea lui Cain nu a fost acceptată de Dumnezeu.

În Iuda 11, Biblia face referire la acest gen de religie falsă numind-o „calea lui Cain." Doresc să scriu lucrul acesta cu bunătate în inima mea, dar și cu claritate. Religiile acestei lumi, alături de unii care pretind că practică „Creștinismul," se închină pe „calea lui Cain." Adepții lor vin înaintea Dumnezeului Sfânt pe baza faptelor lor--ceea ce au făcut sau au realizat. Faptele bune Îi sunt oferite lui Dumnezeu chiar și în numele Creștinismului, dar acele fapte nu pot fi acceptate niciodată pentru mântuirea noastră pentru că sunt contaminate de păcatele noastre. Suntem păcătoși.

Abel nu a venit înaintea lui Dumnezeu ca un om fără păcat—și el era un păcătos, la fel ca fratele lui Cain—dar a venit aducând un substitut. El a venit cu un miel pe care să îl jertfească, astfel încât să fie primit de Dumnezeu pe baza sângelui vărsat. Abel știa că fără vărsare de sânge, nu este iertare pentru păcat. Și Cain știa acest lucru, dar a refuzat să Îl asculte pe Dumnezeu.

**Fără vărsare de sânge,
nu este iertare de păcat.**

De-a lungul întregii existenţe umane, nu există decât două tipuri de religie. Este Religia lui Abel care caută acceptarea lui Dumnezeu pe baza credinţei şi a jertfei sau este Religia lui Cain care spune: „Mă descurc. Voi reuşi să mă fac plăcut înaintea lui Dumnezeu. Voi face lucruri măreţe. Prin faptele mele, voi ajunge în relaţia corectă cu Dumnezeu." Aceasta este încredere în sine. Calea către Dumnezeu este calea credinţei şi a jertfei. Trebuie să acceptăm acest fapt.

Nu există decât o singură cale către Dumnezeu.

Îmi amintesc cum la un moment dat discutam cu o doamnă despre credinţa ei şi îmi spunea: „A ajunge în cer este ca şi cum ai încerca să ajungi la New York. Există multe căi. Aş putea alege drumul acesta sau celălalt şi cred că, în acelaşi fel, există mai multe căi spre cer."

I-am spus: „Tocmai ai numit problema. Tu nu încerci să ajungi în New York. Tu vrei să ajungi la Dumnezeu, în Cerul Său, şi nu există decât o cale într-acolo. Nu există decât un Mediator între Dumnezeu şi oameni, iar Acesta este Omul Isus Hristos."

În Ioan 14:6, Isus spunea: „Eu sunt Calea, Adevărul şi Viaţa. Nimeni nu vine la Tatăl decât prin Mine." Deşi Abel nu ştia acest lucru, mielul pe care l-a adus Îl reprezenta pe Mielul lui Dumnezeu care urma să vină—Domnul Isus Hristos. Abel răspunde, în zorii istoriei şi pentru toate vremurile, la întrebarea: „Cum ne putem apropia de Dumnezeu?" Trebuie să ne apropiem de Dumnezeu pe baza jertfirii unui miel în locul nostru.

CUM ESTE O PERSOANĂ ADUSĂ ÎN RELAŢIA CORECTĂ CU DUMNEZEU?

Aceasta este cea de-a doua întrebare la care răspunde pasajul acesta. Să ne întoarcem la text:

> Prin credinţă a adus Abel lui Dumnezeu o jertfă mai bună decât Cain. Prin ea a căpătat el mărturia că este neprihănit, căci Dumnezeu a primit darurile lui. Şi prin ea vorbeşte el încă, măcar că este mort. (Evrei 11:4)

Prin credinţă, Abel a oferit lui Dumnezeu o jertfă mai bună decât a lui Cain, o jertfă pentru care a fost declarat neprihănit. Dumnezeu l-a declarat pe Abel neprihănit pe baza credinţei sale. Abel a fost mântuit *prin credinţă*.

Cuvântul neprihănit îseamnă îndreptăţit. Abel a fost îndreptăţit, declarat nevinovat, prin credinţă.

Aceasta este prima relatare biblică în care un păcătos se apropie de Dumnezeul Sfânt şi este acceptat pentru că vine prin credinţă, încrezându-se într-o jertfă pentru păcatul lui, jertfă care îl înlocuieşte. Abel a fost îndreptăţi prin credinţă, iar acesta este singurul mod în care cineva a fost sau va fi mântuit—prin îndreptăţirea prin credinţă.

Aceasta este Evanghelia, chiar şi în cele mai timpurii zile ale acestui pământ. Abel a venit înaintea Dumnezeului Sfânt, punându-şi credinţa în jertfa înlocuitoare, în jertfa înlocuitoare, iar Dumnezeu l-a declarat îndreptăţit. Slavă Domnului, Evanghelia nu s-a schimbat niciodată. Minunat! Un dar gratuit! Aceasta este vestea bună până în ziua de azi. Nu trebuie să îţi câştigi mântuirea lui Dumnezeu. Nu poţi să o câştigi prin fapte şi nici nu trebuie să o faci. Este un dar gratuit. Poţi primi mântuirea lui Dumnezeu prin credinţă, prin Înlocuitor—Domnul Isus Hristos.

Observaţi că versetul 4 spune despre Abel: „Şi prin ea vorbeşte el încă, măcar că este mort." Nu este minunat? Îmi place acest citat care îi aparţine lui James Moffatt, un predicator şi teolog scoţian de la Universitatea Oxford:

> Moartea nu are niciodată ultimul cuvânt în viaţa unui om îndreptăţit. Atunci când un om

părăseşte această lume, îndreptăţit sau neîndreptăţit, el lasă ceva în lume. El poate lăsa ceva care va creşte şi se va răspândi precum un cancer sau o otravă sau poate lăsa ceva precum mireasma unui parfum sau o frumuseţe care pătrunde atmosfera cu binecuvântarea ei.

Atunci când trecem prin lumea aceasta şi, mai apoi, când trecem din ea, lăsăm ceva în urmă. Poate fi duhoarea egosimului, a centrării şi concentrării pe sine sau poate fi parfumul unei vieţi trăite pentru Dumnezeu. O viaţă trăită pentru Dumnezeu, chiar şi atunci când se termină, vorbeşte încă tare.

S-ar putea să ai persoane dragi care au trecut în veşnicie, dar aceşti credincioşi urmaşi ai lui Dumnezeu încă îţi vorbesc. Încă te călăuzesc. Abel s-a închinat prin credinţă şi încă ne slujeşte drept pildă.

ENOH
Umblând prin credinţă

Să privim câteva clipe la un alt om şi la un alt exemplu de credinţă. Omul este Enoh şi este exemplul permanent al unui credincios în a cărui viaţă se îmbină credinţa şi umblarea.

Închinarea nu este ceva ce facem doar duminica dimineața. Închinarea este un stil de viață. Acesta este motivul pentru care Biblia se referă la viețile noastre ca fiind „acte de închinare" și ne învață să practicăm închinarea noastră oriunde ajungem. Suntem chemați să trăim închinarea noastră. Aceasta ar trebui să fie una dintre valorile noastre personale esențiale—o închinare din toată inima ca stil de viață. Orice urmaș al lui Dumnezeu este chemat să se închine cu întreaga inimă în fiecare zi. Să privim la versetul 5 și să învățăm despre umblarea lui Enoh prin credință.

> „Prin credință a fost mutat Enoh de pe pământ, ca să nu vadă moartea. Și n-a mai fost găsit, pentru că Dumenzeu îl mutase. Căci înainte de mutarea lui, primise mărturia că este plăcut lui Dumnezeu." (Evrei 11:5)

Ce s-a întâmplat acestui om numit Enoh? Biblia ne spune că a fost luat. Dar ce înseamnă acest lucru? Relatarea vieții lui Enoh este găsită în Geneza, capitolul 5.

> „La vârsta de șaizeci și cinci de ani, Enoh a născut pe Metusala. După nașterea lui Metusala, Enoh a umblat cu Dumnezeu trei sute de ani; și a născut fii și fiice. Toate zilele lui Enoh au fost

trei sute şaizeci şi cinci de ani. Enoh a umblat cu Dumnezeu; apoi nu s-a mai văzut pentru că l-a luat Dumnezeu." (Geneza 5:21-24)

Nu există decât patru versete despre Enoh în Vechiul Testament. Atât de scurt, dar atât de puternic. Acest om, Enoh, este un model de urmaş al lui Dumnezeu în atât de multe moduri. El este o pildă chiar dacă a trăit o viaţă atât de scurtă; A avut doar 365 de ani când a murit. În comparaţie cu cei de lângă el, era un tânăr.

Când Enoh avea 312 ani, a participat la un serviciu de înmormântare. Biblia ne spune că în acel an, stră-stră-stră-stră-străbunicul Adam a murit. În primii 312 ani de viaţă ai lui Enoh, Adam încă trăia. Gândeşte-te la acest lucru!

Se poate foarte uşor exagera cu semnificaţia numerelor găsite în Biblie, dar uneori, acestea chiar par să aibă o semnificaţie. Faptul că viaţa lui Enoh este de 365 de ani, acelaşi număr de zile care sunt într-un an, pare să fie semnificativ. Enoh este un model pentru toate zilele, toţi anii, toate generaţiile de credincioşi în Dumnezeu.

În Evrei, capitolul 11, ni se spune că Enoh „a umblat cu Dumnezeu." „A umbla cu Dumnezeu" înseamnă a avea o relaţie personală cu Dumnezeu. Atunci când umbli cu cineva, înseamnă că aveţi o relaţie de prietenie; această persoană este tovarăşul tău.

Istorisirea lui Enoh ne reaminteşte de cei doi oameni care au mers cu Isus pe drumul spre Emaus, istorisire relatată în ultimul capitol al Evangheliei după Luca. Cei doi ucenici mergeau şi vorbeau cu Isus fără să îşi dea seama că este El. Atunci când umbli cu cineva, este o chestiune personală. Cunoşti identitatea persoanei. De fapt, cunoşti destul de multe despre ea. Este prietenul tău. Ni se spune că Enoh a umblat cu Dumnezeu. A avut o relaţie personală cu Domnul. În timp ce umblau împreună într-una din zile, a fost ca şi cum Dumnezeu ar fi spus: „Enoh, suntem mai aproape de casa mea decât de a ta. Ce-ar fi să vii la mine acasă şi să rămâi la Mine pentru totdeauna?"

Biblia spune că trebuie să umblăm în felul acesta cu Domnul. 2 Corinteni 5:7 ne aminteşte că „umblăm prin credinţă, nu prin vedere." Nu îl vedem pe Dumnezeu, dar suntem atât de apropiaţi de El. Enoh a umblat cu Dumnezeu şi, ca rezultat, L-a cunoscut pe Dumnezeu. Pentru că Enoh L-a cunoscut pe Dumnezeu, a cunoscut şi alte lucruri. Atunci când Îl cunoşti pe Dumnezeu ştii lucruri pe care alţi oameni nu le ştiu. Dumnezeu te ajută să înţelegi lucruri pe care ceilalţi oameni, pur şi simplu nu le înţeleg.

Enoh a fost foarte deştept, mai deştept decât Einstein. Iată ce spunea Einstein: „Cu siguranţă, există un Dumnezeu. Orice persoană care nu crede într-o forţă cosmică este un neghiob, dar nu Îl vom putea cunoaşte niciodată." Cu toate cunoştinţele lui, Einstein nu L-a cunoscut pe Dumnezeu. Enoh L-a cunoscut pe Dumnezeu şi a umblat cu El. De fapt, a dobândit o înţelegere despre călătoria în timp şi spaţiu pe care alţi oameni nu au avut-o. Penultima carte a Bibliei, Iuda, ne spune că Enoh a predicat pe această temă:

> „Şi pentru ei a prorocit Enoh, aş şaptelea
> patriarh de la Adam, când a zis: „Iată că a venit
> Domnul cu zecile de mii de sfinţi ai Săi, ca să
> facă o judecată împotriva tuturor, şi să
> încredinţeze pe toţi cei nelegiuiţi, de toate
> faptele nelegiuite, pe care le-au făcut în chip
> nelegiuit, şi de toate cuvintele de ocară, pe care
> le-au rostit împotriva Lui aceşti păcătoşi
> nelegiuiţi." (Iuda 14-15)

Prin relaţia sa cu Dumnezeu, Enoh a înţeles şi a proclamat că venirea Domnului pentru judecată va avea loc în viitor. El a proclamat cu îndrăzneală mânia lui Dumnezeu care avea să vină peste oamenii nelegiuiţi. Cu siguranţă, Enoh nu era foarte „sensibil la nevoile ascultătorilor."

Poate că oamenii au răspuns: „Fii serios, Enoh. Tu chiar nu pricepi? Relaxează-te. Dacă vorbeşti aşa, nimeni n-o să te asculte."

Dar Enoh a răspuns: „Am văzut viitorul. Domnul mi-a arătat niște lucruri. Îl văd venind cu zece mii de sfinți ai Lui. Ar fi bine să vă împăcați cu Dumnezeu."

Enoh a fost martor pentru această lume. I-a iubit pe oameni suficient de mult încât să le spună adevărul. Enoh avea o înțelegere profundă a lucrurilor lui Dumnezeu. Știa că Dumnezeu este sfânt și că într-o zi Dumnezeu va veni să judece. De fapt, Enoh era atât de sigur de acest adevăr, încât și-a numit întâiul născut „Metusala."

Metusala a trăit cea mai lungă viață consemnată, 969 de ani. Tatăl său, Enoh, a fost cel care i-a dat numele. Metusala înseamnă „când el moare, va veni" sau „moartea lui o va trimite." Marele potop a venit în anul în care Metusala a murit. Enoh, acest om al lui Dumnezeu, a fost atât de aproape de inima lui Dumnezeu, încât a înțeles vocea lui Dumnezeu care îi spunea: „Îmi doresc să-l numești pe fiul tău Metusala, iar numele lui va fi mărturia Mea care va proclama 'judecata vine.'" Dumnezeul nostru îndurător a ales să transforme cea mai lungă viață umană, 969 ani, într-o oportunitate prin care oamenii să creadă în El. Dumnezeu a folosit viața lui Metusala ca o pildă a răbdării Sale, dar ziua judecății a venit.

Anul în care Metusala a murit este același an în care Noe a intrat în corabie cu familia sa. Într-adevăr, Enoh, cunoștea câte ceva. De ce cunoștea Enoh lucruri pe care alți oameni nu le cunoșteau? Pentru că și-a luat timp să umble cu Dumnezeu. Singura modalitate de a înţelege lucrurile profunde, trainice şi puternice ale lui Dumnezeu, este să umblăm cu El. Pentru a-L cunoaşte pe Dumnezeu, trebuie să petreci timp cu El.

Pentru a-L cunoaşte pe Dumnezeu, trebuie să petreci timp cu El.

Enoh a umblat cu Dumnezeu. El a fost un exemplu pentru toate generaţiile, dar este, de asemenea, un exemplu pentru toate generaţiile. Enoh a umblat cu Dumnezeu şi ceva extraordinar s-a întâmplat. Textul nostru spune că „Enoh a umblat cu Dumnezeu, apoi nu s-a mai văzut pentru că L-a luat Dumnezeu." Pur şi simplu umbla cu Dumnezeu şi se bucura de acest timp minunat cu El. Enoh era un tânăr, doar 365 de ani. Avea multe sute de ani înainte, dar se bucură de umblarea sa cu Domnul şi Dumnezeu spune:

„Vino acasă, Enoh. Este timpul să vii acasă."

„Deja? Am trăit doar 365 de ani!"

"Da, dar este destul. Vino acasă."

Biblia spune că Enoh nu s-a mai văzut. Oamenii au început să-l caute şi să spună, „Unde este Enoh? Unde a plecat omul acesta?" Dumnezeu L-a luat.

Biblia ne învaţă că acelaşi lucru se va întâmpla într-o zi unei generaţii întregi de creştini. Milioane de credincioşi își vor trăi viețile, vor umbla cu Dumnezeu și Dumnezeu îi va lua.

„Căci însuși Domnul, cu un strigăt, cu glasul unui arhanghel și cu trâmbița lui Dumnezeu, Se va pogorî din cer, și întâi vor învia cei morți în Hristos. Apoi, noi cei vii, care vom fi rămas, vom fi răpiți toți împreună cu ei, în nori, ca să întâmpinăm pe Domnul în văzduh; și astfel vom fi totdeauna cu Domnul. Mângâiați-vă, dar, unii pe alții cu aceste cuvinte."
(1 Tesaloniceni 4:16-18).

Nu este lucrul acesta minunat? Să umbli cu Dumnezeu? Să trăiești, cunoscându-l pe Domnul. Să petreci timp cu familia și prietenii tăi. Să încerci să dai ce ai mai bun pentru Isus, să falimentezi, dar să mergi înainte prin credință, iar apoi, BOOM! AI PLECAT! Va fi minunat să pleci acasă în felul acesta și să ajungi, în sfârșit acasă.

Astfel, de ce este Enoh un exemplu atât de mare pentru noi, cei care aparținem, probabil, generației din ultimele zile? Este doar pentru că vom avea parte de călătoria rachetă a plecării de aici prin răpire? Nu. În versetul 5, Biblia ne spune că înainte de a fi luat, Enoh a primit mărturia că este plăcut lui Dumnezeu.

Într-o zi, într-un fel sau altul vei fi luat. Dacă ești un creștin, fie vei fi luat la răpire, fie vei fi luat prin moarte, atunci când Domnul vine să te ia acasă. Dar toți cei care suntem credincioși vom fi luați într-o zi. Avem aici ceva foarte important la care să ne gândim. Înainte ca ziua aceea să vină, vom lăsa în urmă mărturia că am fost plăcuți lui Dumnezeu? Ce fel de viață Îl mulțumește pe Dumnezeu? Este o viață exprimată în multe moduri diferite, dar, în esența ei, dincolo de toate--este o viață de credință.

Evrei 11:6 ne spune că „fără credință este cu neputință să-i fim plăcuți Lui!" Versetul nu spune că fără credință este dificil să-L mulțumești pe Dumnezeu, ci spune, „cu neputință." Este imposibil să-L mulțumești fără credință. Oricine vine la Dumnezeu trebuie să creadă că El este. Trebuie să credem că Dumnezeu este real. Și mai trebuie să credem că El îi răsplătește pe cei care-L caută. Da, Dumnezeu răsplătește. El este de o generozitate infinită. Cu toate acestea este important să înțelegem care este cea mai mare răsplată a Lui Dumnezeu pentru poporul Său.

Cea mai mare răsplată a lui Dumnezeu este El Însuși.

Prietenul meu, vieţile noastre nu au de-a face cu căutarea darului. Suntem aici ca să-L căutăm pe Dătător. Dătătorul este darul.

„Mă veţi căuta şi mă veţi găsi, dacă mă veţi căuta cu toată inima. Mă voi lăsa să fiu găsit de voi, zice Domnul, şi voi aduce înapoi pe prinşii de război; vă voi strânge din toate neamurile şi din toate locurile, în care v-am izgonit, zice Domnul, şi vă voi aduce înapoi în locul de unde v-am dus în robie." (Ieremia 29:13, 14).

Dacă îţi trăieşti viaţa căutând orice altceva cu excepţia lui Dumnezeu în Hristos, viaţa ta nu va fi o viaţă cu sens şi scop. Va fi o viaţă irosită. Dar atunci când îţi trăieşti viaţa spunând: „aceasta este viaţa mea şi cu această viaţă îl voi urma pe Isus, El este comoara vieţii mele şi cred că El este vrednic de viaţa mea; îl voi urma pe El astăzi." Atunci când împleteşti astfel de zile împreună, vei avea parte de o viaţă care contează acum şi pentru veşnicie.

Suntem aici pentru a căuta o răsplată, dar cine este răsplata? Răsplata este Cel ce răsplăteşte. În Geneza 15:1, Dumnezeu îi spune lui Avram. „După aceste întâmplări, Cuvântul Domnului a vorbit lui Avram într-o vedenie, şi a zis: 'Avrame, nu te teme, Eu sunt scutul tău, şi răsplata ta cea foarte mare.'" În psalmul 73:25, psalmistul spune: „Pe cine altul am eu în cer afară de tine? Și pe pământ nu-mi găsesc plăcerea în nimeni decât în Tine."

Prietenul meu, o viață trăită după plăcerea lui Dumnezeu este o viață care-ți va aduce plăcere.

Acest lucru este adevărat pentru că, la fel ca mine, ai în inima ta un gol de forma lui Dumnezeu. Nu există nicio persoană sau lucru pe care putem să-l punem în inimile noastre și care să ne mulțumească, cu excepția lui Dumnezeu Însuși. Nu există nicio cantitate de bani care să poată umple golul din inimile noastre. Nicio cantitate de faimă sau vreo avere. Nimic. Tu și cu mine am fost creați după chipul lui Dumnezeu. Iar Dumnezeu este Însuși ținta noastră. El este răsplata. Nu există nimeni care să-L fi căutat pe Domnul cu adevărat și să nu-L fi găsit. Atunci când cineva, în mod sincer, cu o inimă care se pocăiește, Îl caută, Dumnezeu se lasă găsit. Dumnezeu a spus:

„Mă veți căuta și Mă veți găsi, dacă Mă veți căuta cu toată inima. Mă voi lăsa să fiu găsit de voi, zice Domnul." (Ieremia 29:13-14a)

Prietene, poți să te bazezi în mod necondiționat pe această promisiune: „Mă veți căuta și Mă veți găsi, dacă Mă veți căuta cu toată inima."

Iată însă ce fac oamenii tot timpul. Aud lucrul acesta adeseori la consiliere. „Doamne, scapă-Mă din necazul acesta teribil. Trebuie să ies cumva de aici." Nevoia noastră nu este să ieșim din necazuri, nevoia noastră este să Îl avem pe Domnul Dumnezeu. El ne poate scoate din necazuri și ne poate păzi de ele, dar nevoia noastră este după El.

Adeseori căutăm o soluție la problema noastră, în loc să-L căutăm pe Acela care este sursa puterii indiferent de natura problemei noastre. Avem nevoie disperată să ne amintim că Dumnezeu este realitatea ultimă. Dumnezeu este real și Dumnezeu este Cel care ne răsplătește. Enoh a cunoscut acest lucru, la fel ca Abel. Enoh a primit mărturia că este plăcut înaintea lui Dumnezeu, a umblat cu El și Dumnezeu L-a luat. Abel a primit mărturia că este plăcut înaintea lui Dumnezeu pentru că s-a închinat înaintea Lui. Să facem și noi la fel. Să ne închinăm lui Dumnezeu și să umblăm cu El ca Abel și Enoh. Ce viață! Ce plecare către casă!

GHID C.E.A.R.

CITEȘTE:

- Evrei 11:4-6 de câteva ori.
- Care crezi că este ideea principală pe care autorul dorește să o comunice?

EXPLOREAZĂ:

1. Citește relatarea despre Abel și Cain în Geneza 4:1-10. Care este lucrul pe care Evrei 11:4 îl descoperă despre Abel și care-l face să fie lăudat pentru credința lui?
2. Citește relatarea despre Enoh din Geneza 21:24. Care este lucrul pe care Geneza și Evrei 11:4-6 îl reliefează cu privire la credința lui Enoh?
3. Cum îl putem mulțumi pe Dumnezeu astăzi, la fel ca „cei din vechime," potrivit cu aceste pasaje?

APLICĂ:

- Viața de credință a lui Abel vorbește și azi, mii de ani mai târziu. Pentru ce va fi cunoscută viața ta, după ce vei muri? În ce fel sunt Abel și Enoh exemple pentru cum să trăiești acum?

ROAGĂ-TE:

- Laudă-L pe Dumnezeu pentru ceea ce ai învățat despre El din Biblie astăzi. Privește în secțiunea „explorează" și închină-te înaintea lui pentru ceea ce este.
- Mulțumește lui Dumnezeu pentru consemnarea acestor exemple de credință.
- Hotărăște-te să Îl urmezi pe Domnul cu credință, astăzi, punându-ți încrederea în ceea ce El se descoperă a fi în Cuvântul Său.

3

Urmând Instrucțiunile

"Prin credință, Noe, când a fost înștiințat de Dumnezeu despre lucruri care încă nu se vedeau, și plin de o teamă sfântă, a făcut un chivot ca să-și scape casa; prin ea, el a osândit lumea, și a ajuns moștenitor al neprihănirii care se capătă prin credință." (Evrei 11:7)

A i primit vreodată instrucțiuni de la cineva în timp ce conduceai, doar pentru a-ți da seama că acele instrucțiuni nu sunt de încredere? Cum stă treaba cu sistemul tău de navigare GPS? Ai avut vreodată probleme în timp ce erai ghidat de această minune a tehnologiei? Familia noastră avea un GPS vechi pe care copiii l-au numit Edna, din cauza acelei voci metalice, inconfundabile. Aveam o vorbă pe care o tot spuneam despre Edna și suna așa: „Edna te duce aproape."

Tatălui meu îi plăcea să povestească despre cineva care îi dădea instrucțiuni „unice." Povestea este adevărată. S-a întâmplat în orașul lui natal, Albany, Kentucky. Este vorba despre un om care pierdea mult timp povestind cu alți bătrâni pe gazonul din fața tribunalului. Într-un din zile, de undeva din nord, a apărut un om într-un Cadillac mare și l-a întrebat: „Nu te supăra, cum se poate ajunge în Jamestown?" Omul a răspuns: „Păi, unii merg în direcția aceasta, iar alții în direcția cealaltă." Bărbatul credea că-și bate joc de el, așa că a șuierat ceva printre dinți și a plecat. Ceilalți bărbați de lângă el, au izbucnit în hohote de râs pentru că șoferul Cadillacului era în centrul orașului Albany, Kentucky, iar de acolo, era o distanță de 25 de mile în direcția nord pentru a ajunge în Jamestown, Kentucky și tot 25 de mile în direcția sud pentru a ajunge în Jamestown, Tennessee. Așa că spusese adevărul: „Unii oameni merg în direcția aceasta, iar alții în direcția celălaltă."

Nu te bucuri că Dumnezeu nu dă astfel de instrucțiuni? „Deci, poți merge în direcția aceasta sau în direcția cealaltă." Domnul ne dă instrucțiuni clare și dacă vom fi cu adevărat urmași ai lui Dumnezeu, va trebui să învățăm cum să urmăm *instrucțiunile Lui*.

NOE

Există un om în Scripturi, un model permanent de urmaș al lui Dumnezeu. Viața lui a fost schimbată și istoria a fost schimbată de când a trăit el, toate acestea pentru că a urmat instrucțiunile lui Dumnezeu. Vorbesc despre Noe. O foarte scurtă biografie a vieții lui Noe ne este creionată în Evrei 11:7.

> „Prin credință, Noe, când a fost înștiințat de Dumnezeu despre lucruri care încă nu se vedeau, și plin de o teamă sfântă, a făcut un chivot ca să-și scape casa; prin ea, el a osândit lumea, și a ajuns moștenitor al neprihănirii care se capătă prin credință." (Evrei 11:7)

Noe i-a răspuns lui Dumnezeu urmând instrucțiunile Sale. Acesta este întotdeauna lucrul pe care credința autentică ne determină să-l facem. Credința urmează instrucțiunile.

Biblia ne spune că Noe a fost a zecea generație de la Adam. El s-a născut la 122 de ani, după ce Adam a murit. Bunicul său era Enoh, cel pe care Dumnezeu „L-a luat" acasă, iar aceasta s-a întâmplat cu 69 de ani înainte ca Noe să se nască. Set, fiul lui Adam și al Evei a murit cu doar 10 ani înainte ca Noe să se nască. Astfel, Noe a crescut în jurul unor bărbați și femei care i-au cunoscut personal pe părinții civilizației umane. Aceasta era perioada istorică în care Noe a trăit.

Noe a trăit în Mesopotamia, țara dintre râurile Tigru și Eufrat, cunoscută de asmenea ca Ur din Caldeea. Iov și Avraam proveneau din aceeași regiune geografică. Ni se spune că era o parte a lumii extrem de rea și stricată. Noe, a trăit într-o eră în care răul depășea puterea noastră de înțelegere:

> „Pământul era stricat înaintea lui Dumnezeu, pământul era plin de silnicie. Dumnezeu s-a uitat spre pământ și iată că pământul era stricat; căci orice făptură își stricase calea pe pământ. Atunci Dumnezeu a zis lui Noe: 'Sfârșitul oricărei făpturi este hotărât înaintea Mea, fiindcă au umplut pământul de silnicie; iată am să-i nimicesc împreună cu pământul.'" (Geneza 6:11-13)

Lumea era coruptă în profunzime. Era stăpânită în totalitate de imoralitate, ucidere și nelegiuire. Dar, deși era o societate atât de pervertită, observați cum trăia Noe:

> „Dar Noe a căpătat milă înaintea Domnului.
> Iată care sunt urmașii lui Noe. Noe era un om neprihănit și fără pată între cei din vremea lui:

Noe umbla cu Dumnezeu. Noe a născut trei fii: Sem, Ham și Iafet." (Geneza 6:8-10)

Potrivit Bibliei, Noe a fost un om al harului. Biblia spune că Noe „a căpătat milă" sau *har* în ochii lui Dumnezeu. Interesant, aceasta este prima dată când Biblia folosește cuvântul care desemnează *harul*. Biblia nu spune că Noe *a câștigat* har. El era un păcătos ca tine și ca mine și a primit har de la Dumnezeu. Harul lui Dumnezeu era peste el și, datorită acestui fapt, Noe era, la rândul lui, un om al bunătății. Biblia spune că era „neprihănit și fără pată." Noe nu era perfect, dar avea un caracter integru. Era un om bun și nobil—un om al lui Dumnezeu. Biblia ne spune că umbla cu Dumnezeu. Aceasta este aceeași expresie care a fost folosită pentru a-l descrie pe bunicul lui Noe, Enoh— *a umblat cu Dumnezeu*. În mijlocul unei lumi corupte și pervertite, Noe, era un om al harului și al bunătății. Noe era un om al lui Dumnezeu. Trebuie să recuperăm istoria lui Noe și a corabiei sale. Am permis ca aceasta să ne fie ambalată și spusă precum o poveste pentru copii mici sau o poveste cântată de personaje de carton fără brațe. Ne-a fost împachetată și vândută ca o povestioară călduță, pufoasă și prostuță. Nimic nu ar putea fi mai departe de adevăr. Biblia ne spune că istorisirea lui Noe și a corabiei este o istorisire a urii și a judecății lui Dumnezeu împotriva păcatului. Este, de asemenea, o istorisire a harului salvator al lui Dumnezeu și este și istorisirea unui om care a crezut Cuvântul lui Dumnezeu în ciuda tuturor lucrurilor lumești. Noe a crezut în Dumnezeu și a acționat pe baza instrucțiunilor Sale. Pentru că L-a crezut pe Dumnezeu, Noe a intrat în corabie.

Să privim la Noe ca la un urmaș al lui Dumnezeu care *a urmat instrucțiunile*. Dacă îl vom urma pe Dumnezeu, trebuie să învățăm să urmăm și instrucțiunile lui Dumnezeu. Dacă dorim să fim parte a unei biserici care-L urmează pe Dumnezeu, trebuie să urmăm instrucțiunile lui Dumnezeu, indiferent de cost.

Noe a fost omul care a răspuns la lucrarea lui Dumnezeu. Evrei 11:7 afirmă: „Prin credință, Noe, când a fost înștiințat de Dumnezeu..." El a fost avertizat de Dumnezeu cu privire la evenimente încă nevăzute. Noe a acceptat cuvântul lui Dumnezeu. El și-a bazat credința pe Cuvântul lui Dumnezeu. Noe nu a avut credință în *credință*. Noe nu trăia bazându-se pe iluziile propriilor *dorințe*. Noe nu-și punea încrederea în speranțe deșarte. El trăia și se baza pe Cuvântul lui Dumnezeu. El a acceptat în totalitate Cuvântul lui Dumnezeu. Nu putea înțelege tot ce Cuvântul lui Dumnezeu îi spunea, dar știa că acest Cuvânt este adevărat în totalitate și chiar dacă nu îl înțelegea, adevărul acesta îi era suficient.

Pentru Noe, „credința este o încredere neclintită, o puternică încredințare despre lucrurile care nu se văd." (Evrei 11:1) Dumnezeu i-a dat lui Noe un avertisment pe care l-a aplicat în mod personal și pe baza căruia a acționat. Când Noe a acceptat Cuvântul lui Dumnezeu, el nu l-a acceptat mai întâi pentru alți oameni. L-a acceptat pentru el însuși, personal. Fiind avertizat de Dumnezeu, Noe s-a gândit la el însuși și la familia sa. Observați atitudinea lui Noe. Aceasta ne arată cu adevărat, de ce a reacționat așa. Evrei 11:7 spune: „Prin credință, Noe, când a fost înștiințat de Dumnezeu despre lucruri care încă nu se vedeau, și, plin de o teamă sfântă, a făcut un chivot." Teamă sfântă. Noe ne reamintește că intimitatea cu Dumnezeu nu înseamnă *informalitate* cu Dumnezeu. El era *intim* cu Dumnezeu. Avea o relație personală intimă cu Dumnezeu, dar nu era *informal* cu Dumnezeu. S-a raportat la Dumnezeu foarte serios și cu *o teamă sfântă*. Dumnezeu a spus lui Isaia...

> „Toate aceste lucruri, doar mâna Mea le-a făcut, și toate și-au căpătat astfel ființa,--zice Domnul.—„Iată spre cine îmi voi îndrepta privirile: spre cel ce suferă și are duhul mâhnit, spre cel ce se teme de Cuvântul Meu."
> (Isaia 66:2)

De cine se apropie Dumnezeu? Cu cine se împrietenește Dumnezeu? Cine este aproape de inima Lui? Oamenii care au un duh smerit. Oamenii care își plâng falimentele, iar atunci când aud Cuvântul glorios al lui Dumnezeu, tremură la Cuvântul Său. Când a fost ultima oară când ai tremurat la Cuvântul lui Dumnezeu?

ÎN ACȚIUNE

Observați că teama sfântă a lui Noe față de Dumnezeu nu l-*a blocat*. Teama sfântă a lui Dumnezeu l-a impulsionat înspre acțiune, întrucât credința nu este ceva care rămâne în capul nostru. Dacă este lucrarea Domnului, ea coboară în inima ta și nu mai poți sta liniștit. Vei răspunde din ceea ce Dumnezeu a pus în inima ta. Nu este aceasta o ușurare? Nu trebuie să îți imaginezi o lucrare imensă, iar apoi să îi ceri lui Dumnezeu să ducă la îndeplinire această lucrare imaginară. Este tocmai opusul și îi mulțumim lui Dumnezeu, pentru că cine și-ar fi imaginat o corabie?! Atunci când acționăm în ascultare față de Dumnezeu, El ni se descoperă.

Răspunsul lui Noe față de Cuvântul lui Dumnezeu a fost *acțiunea*. Biblia spune că fiind mișcat de o teamă evlavioasă, Noe a zidit o corabie pentru salvarea casei sale. Dumnezeu a spus „doresc să construiești o corabie." Noe a fost instruit să construiască o barcă imensă. Data viitoare când ți se pare că șeful *tău* îți dă un proiect mare, gândește-te la Noe. *Acesta* a fost un proiect mare!

Gândește-te la întinderea sarcinii pe care Domnul i-a dat-o lui Noe.

DIMENSIUNI

Te-ai gândit vreodată la dimensiunile reale ale corabiei? Biblia noastră vorbește despre coți. Un cot este aproximativ 25 de centimetri. Corabia pe care Domnul îi poruncește lui Noe să o construiască este înaltă de 14 metri, lată de 23 de metri și lungă de 137 de metri (1 teren de fotbal și jumătate). Avea 3 nivele, 1,3 milioane și 36.811 metri cubi. Aceasta era cea mai mare construcție pe care omenirea o văzuse. Până în secolul 20, corabia a fost cel mai mare vas construit vreodată și, până astăzi, rămâne cel mai mare vas de lemn construit vreodată. Gândește-te la *dimensiunile* ei, dar gândește-te și la *perioada* în care a fost construită.

PERIOADA

Lui Noe, fiilor Săi și celorlalți care au fost convinși să-i ajute, le-a luat 120 de ani să finalizeze corabia. Aceasta înseamnă că, dacă, aceste proiect de construcție ar fi început în anul 1898, nu s-ar fi terminat decât în 2018. Gândește-te la aceasta! Zi și noapte, zi după zi, săptămână după săptămână, an după an, lucrez la corabie, în timp ce deceniile se scurg. Această dedicare de 120 de ani a însemnat încordarea minții, ruperea spatelui și zdrobirea degetelor. *Acesta* a fost proiectul credinței lui Noe.

BATJOCURA

Te-ai gândit vreodată la batjocura pe care Dumnezeu i-a cerut lui Noe s-o îndure? Timp de 120 de ani, în fiecare zi, Noe a fost obligat să experimenteze ocara oamenilor care treceau pe acolo pentru a-i spune că este un nebun. Oamenii călătoreau pentru a vedea această monstruozitate, iar apoi se întorceau în orașele lor pentru a spune: „Nu-ți vine să crezi ce idiot este acolo, în Mesopotamia, și ce construiește. " Imaginează-ți râsetele și batjocurile. Toată această ocară, aruncată asupra lui timp de 120 de ani.

În mod similar, prietene, dacă îl urmezi pe Domnul Isus Hristos, El îți va cere să îndeplinești sarcini care te depășesc. Îți va cere să faci lucruri pe care oamenii le consideră fără sens. Unii spun că „Dumnezeu nu-ți va da niciodată o sarcină pe care să nu poți să o faci." Chiar așa?!!! Dacă îl urmezi pe Dumnezeu, vor fi vremuri când îți va porunci să faci anumite lucruri, iar acele lucruri vor părea imposibile. De fapt, oamenii vor gândi că ești nebun, doar dacă le încerci. A fi un urmaș al lui Dumnezeu înseamnă că s-ar putea să lucrezi ani și ani de zile, la un lucru pe care oamenii îl consideră absolut prostesc.

În urmă cu mai mulți ani, companiile își făceau reclamă cu ajutorul plăcilor de tip sandwich. O placă tip sandwich era construită din două plăci, una pentru față, iar una pentru spate, legate deasupra cu două curele de piele, una pentru fiecare umăr. Persoana care făcea reclamă își atârna plăcile acestea peste umăr și umbla pe străzile orașului ca o reclamă umană pentru diverșii furnizori locali.

Directorul unei misiuni de salvare, a venit cu o idee nouă pentru folosirea acestor plăci de tip sandwich ca o mărturie. Avea oameni care umblau în jos și în sus pe străzile aglomerate purtând asemenea plăci care pe partea din față spuneau „Sunt nebun pentru Hristos," iar pe partea din spate, "Tu al cui nebun ești?"

Noe a fost un nebun pentru Domnul timp de 120 de ani. Biblia ne spune că, înainte de potop, un abur uda pământul. Se pare că ploaia, așa cum o cunoaștem, nu exista. Astfel, în punctul acesta, nimeni nu știa nimic despre inundațiile catastrofale cu privire la care Noe îi avertiza. În ciuda batjocurii Noe a continuat să facă ceea ce Dumnezeu l-a chemat să facă. Datorită credincioșiei sale, Noe mărturisiea cu fiecare lovitură de ciocan.

CREDINȚĂ

Noe a răspuns cuvântului lui Dumnezeu cu credință, dar nu era un nebun și nu era vorba despre o glumă. Datorită răspunsului său, Noe a mustrat lumea prin modul în care și-a trăit viața. Versetul 7 ne spune: „Prin ea, el a osândit lumea, și a ajuns moștenitor al neprihănirii care se capătă prin credință." A făcut ceea ce Dumnezeu a spus și a condamnat lumea. Care a fost lucrul care a condamnat lumea? Nu a fost atitudinea negativă a lui Noe. Noe nu a organizat o campanie pentru a condamna lumea. Noe nu a fost tăios în conversațiile sale, pentru a condamna lumea. Noe nu a intrat pe internet sau pe facebook pentru a-și lansa tiradele prin care să condamne lumea. Deci, ceea ce a condamnat lumea a fost credința lui Noe. Credința lui a făcut-o. În calitate de credincioși, uneori condamnăm lumea, pur și simplu prin modul în care trăim.

VALORI

În Atena, trăia un mare om care obișnuia să-i spună filosofului Socrate: „Te urăsc pentru că de fiecare dată când te văd îmi amintești cine sunt." În același fel, Noe a fost un om bun și blând. A fost un om plin de har, dar a condamnat lumea. Cum a făcut aceasta? Cum face o biserică lucrul acesta în cultura de azi? Prin valorile credinței. Umoristul și poetul Edgar Guest a scris o poezie intitulată „Predici pe care le vedem." Prima strofă sună astfel:

„Mi-aș dori, mai mult *să văd* o predică, decât
să aud una în fiecare zi;
Mi-aș dori mai mult ca cineva să umble cu mine, decât doar să-mi spună care e calea.
Ochiul este un elev mai bun și mai doritor
decât urechea,
Sfaturile rafinate sunt confuze, dar exemplul
este întotdeauna clar;
Iar cei mai buni predicatori sunt oamenii care
își trăiesc crezurile,
Pentru că a vedea binele pus în acțiune este
lucrul de care oricine are nevoie."

Valorile lui Noe, au condamnat lumea. Ceea ce făcea în fiecare zi spunea fiecărui privitor că există o lume pe care Noe o prețuiește mai multe decât lumea aceasta. Mărturia lui Noe a fost aceasta: „Știu că nu mă potrivesc, știu că oamenii cred că ceea ce fac nu are sens, știu că lumea nu este preocupată de aceste lucruri, dar sunt valorile mele, iar valorile mele se bazează pe credința mea."

Am fost mișcat de o rugăciune a pastorului John Piper, în cartea sa *Viața ca un Abur*:

Tată îndurător al luminii, dă-ne ochi că să-ți vedem valoarea. Vindecă orbirea noastră. Mântuiește-ne de boala mortală de a vedea lumea ca fiind mai valoroasă decât Făcătorul ei. Restaurează capacitatea inimilor noastre de a prețui infinita dulceață. Păzește-ne de efectele mortale ale gândirii că viața aceasta este lucrul principal. În numele lui Ius ne rugăm.

Atunci când ești un urmaș adevărat al lui Dumnezeu, tu spui că Făcătorul acestei lumi este mai prețios pentru tine decât această lume.

VOCE

Noe a condamnat lumea prin *valorile* lui, dar Biblia ne spune că a condamnat-o și prin *vocea* lui.

„Căci dacă n-a cruțat Dumnezeu pe îngerii care au păcătuit, ci i-a aruncat în Adânc, unde stau înconjurați de întuneric, legați cu lanțuri și păstrați pentru judecată; dacă n-a cruțat El lumea veche, ci a scăpat pe Noe, acest propovăduitor al neprihănirii, împreună cu alți șapte inși, când a trimis potopul peste o lume de nelegiuiți; (2 Petru 2:4-5)

Petru îl numește pe Noe, „propovăduitor al neprihănirii." Cuvântul „propovăduitor" înseamnă un vestitor. Este, de asemenea, folosit cu sensul de „predicare." Noe era un predicator al neprihănirii în timp ce construia corabia și, îngăduiți-mi să vă spun, a avut cel mai mare amvon din istoria lumii!

Puteți să vi-l imaginați, acolo, sus pe schelă, cu ciocanul în mână, spunând mulțimilor care se adunaseră și rânjeau la el: „Prietenilor, construiesc această corabie pentru că sfârșitul vine. Dumnezeul cerului și al pământului vă cheamă să vă pocăiți. Veniți și ajutați-mă. Fiți în această corabie când judecata sosește. Vă spun, Dumnezeu va judeca lumea." El nu a fost un martor doar prin lucrările lui, dar și prin vocea lui.

Prieteni, este important să mărturisim prin stilul nostru de viață. Modul în care ne trăim viețile contează. În același timp, suntem chemați să ne folosim și vocile. Biblia spune că suntem martori, iar un martor nu este cineva care spune, „voi trăi o viață evlavioasă pentru ca oamenii să vadă faptele mele." Da, trebuie să facem aceasta. Isus a spus-o. Dar, suntem chemați să fim și martori și să vorbim pentru Dumnezeu.

Într-o lume care se prăvălea înspre judecată, Noe a vorbit din partea lui Dumnezeu, cu dragoste și nădejde. A oferit acelor oameni adevăr și nădejde, folosindu-și vocea în aceste sens. A condamnat lumea prin vocea lui. În cele din urmă însă ceea ce a condamnat lumea a fost victoria lui Noe. Vă puteți imagina? 120 de ani de construire a corabiei. 120 de ani de împărtășire a mesajului lui Dumnezeu și niciun convertit cu excepția celor din familia lui. Nicio persoană nu s-a întors de la căile ei rele. Nicio persoană nu a venit pentru a se alătura grupei de credincioși. *Nimeni*.

Noe însă nu a fost un falimentar. Credința lui a condamnat lumea, pentru că acea zi teribilă a venit și toți cei care au refuzat să-l asculte pe Noe au simțit în mod direct condamnarea.

Scoateți-vă din minte barca aceea mică și drăguță cu acel cap portocaliu de girafă care iese pe una dintre ferestre. Cerurile s-au deschis și ploaia a turnat din ceruri. Biblia spune că s-au rupt toate izvoarele Adâncului și râuri subterane au țâșnit afară. Râuri de apă curgeau prin fiecare oraș. Oamenii fugeau cât de repede puteau către corabie, dar Noe și familia lui erau deja înăuntru. Prin pereții acesteia, puteau să audă strigătele. Auzeau oamenii care băteau. Auzeau plânsul și vaietele. Noe și familia lui nu erau înăuntru, bucurându-se că au avut dreptate și că lumea a greșit.

Fără îndoială Îi mulțumeau lui Dumnezeu pentru harul și salvarea Sa în timp ce vasul plutea în siguranță deasupra apelor. Noe și familia sa au câștigat victoria prin credința lor. Credința lor a biruit lumea. 1 Ioan 5:4 spune: „Pentru că oricine este născut din Dumnezeu, biruiește lumea; și ceea ce câștigă biruință asupra lumii este credința noastră." Credința noastră în Creatorul tuturor lucrurilor.

HAR

Fără îndoială, istorisirea lui Noe este incredibilă. Dar, în esența ei, istorisirea lui Noe este o istorisire despre har. Nu este o istorisire despre o corabie mare sau despre animalele care urcă la bord două câte două. Este o istorisire despre har. Noe a răspuns cuvântului lui Dumnezeu și a primit neprihănirea lui Dumnezeu. Biblia spune în Evrei 11:7:

> „Prin credință, Noe, când a fost înștiințat de Dumnezeu despre lucruri care încă nu se vedeau, și plin de o teamă sfântă, a făcut un chivot ca să-și scape casa; prin ea, el a osândit lumea, și a ajuns moștenitor al neprihănirii care se capătă *prin credință*."

Observați că Scriptura spune „*al neprihănirii*." Nu există decât un fel de neprihănire. Este neprihănirea *exterioară* nouă. Ea nu vine din *interiorul* nostru. Vine de la Dumnezeu și ne este dăruită prin harul Său, prin *credință*. Noe, a devenit un moștenitor al neprihănirii pentru că L-a crezut pe Dumnezeu.

El a devenit un moștenitor al neprihănirii care urma să fie oferită și câștigată într-o zi de Isus. Dumnezeu, înainte de Hristos sau după Hristos, întotdeauna dăruiește neprihănirea pe baza a ceea ce vede din veșnicie—Fiul Său care moare pe cruce și învie dintre cei morți. Noe a devenit un moștenitor al neprihănirii în Isus pentru că a crezut în Dumnezeu. Istorisirea aceasta despre corabie este, de fapt, istorisirea despre Isus și salvarea Sa.

Gândește-te la aceasta. Corabia a fost făcută din lemn. Crucea pe care Domnul Isus a suferit pentru a ne asigura mântuirea și siguranța eternă a fost făcută din lemn. A fost făcută de un tâmplar. Salvarea veșnică a venit în lume printr-un tâmplar care a fost, El Însuși, pironit pe lemn. Corabia a fost tencuită pe interior cu smoală, iar cuvântul „tencuită" sau „acoperită" este cuvântul folosit pentru a desemna ispășirea. Corabia a fost acoperită. *Corabia mântuirii noastre* este acoperită cu sângele ispășitor al lui Isus Hristos. Sângele lui Isus va fi singurul loc sigur, atunci când judecata va veni. Prin acest sânge suntem mântuiți. Credința în ispășirea care a fost asigurată prin sângele lui Isus Hristos, este singurul loc unde suntem în siguranță.

O UȘĂ

Arca era imensă. Era suficient de mare pentru toți cei care ar fi dorit să vină. Un mare numă de oameni din acea vreme ar fi putut să intre în corabie. Corabia era suficient de mare pentru toți, dar nu exista decât o singură ușă. În același fel, salvarea lui Dumnezeu este suficient de mare ca să cuprindă toată lumea, dar nu este oferită decât acelora care vin pe singura cale, iar această cale este Isus Hristos.

**Salvarea are o singură ușă,
iar această ușă este Isus Hristos.**

Isus spunea: „Eu sunt ușa. Dacă intră cineva prin Mine, va fi mântuit; va intra și va ieși și va găsi pășune." Salvarea are o ușă și acea ușă este Isus. Ușa este deschisă, este suficient de mare pentru ca toți să vină, dar oamenii nu pot veni decât prin acea singură ușă. Nu sunt trei uși. Nu sunt patru uși. Nu poți să îți faci *propria ta ușă* pentru mântuire. Ușa a fost făcută de Isus Hristos care și-a dat viața pentru oile Lui. El este ușa.

Toți cei din corabie au fost salvați. Niciun animal nu a fost pierdut. Niciunul din oamenii dinăuntru nu a fost pierdut. Ei au fost pecetluiți și în siguranță sub acea imagine a sângelui lui Isus, în timpul judecății potopului. Cu toții au trecut în siguranță, iar când au ajuns de cealaltă parte, unde au pășit? Într-o lume cu totul nouă. Când au pășit în această lume nouă, oare ce i-a întâmpinat? Un curcubeu—semnul legământului lui Dumnezeu.

> „'curcubeul Meu, pe care l-am așezat în nor, el va sluji ca semn al legământului dintre Mine și pământ. Când voi strânge norii deasupra pământului, curcubeul se va arăta în nori; și Eu Îmi voi aduce aminte de legământul dintre Mine și voi și dintre toate viețuitoarele de orice trup; și apele nu se vor mai face un potop, ca să nimicească orice făptură. Curcubeul va fi în nor; și Eu Mă voi uita la el, ca să-Mi aduc aminte de legământul cel veșnic dintre Dumnezeu și toate viețuitoarele de orice trup de pe pământ.' Și Dumnezeu a zis lui Noe: 'Acesta este semnul legământului pe care L-am făcut între Mine și orice făptură de pe pământ.'" (Geneza 9:13-17)

Atunci când vom ajunge pe partea cealaltă, și în sfârșit vom păși pe poarta cerului, ce vom vedea? Un curcubeu.

Biblia ne spune că deasupra tronului lui Dumnezeu din cer este un curcubeu—promisiunea că El este un Dumnezeu care-și ține legământul.

> „Cel ce ședea pe el, avea înfățișarea unei pietre de iaspis și de sardiu; și scaunul de domnie era înconjurat cu un curcubeu ca o piatră de smarald la vedere." (Apocalipsa 4:3)

Unii oameni nu cred în istorisirea lui Noe și a corabiei. Unii oameni spun chiar, „sunt religios. Sunt creștin, dar nu cred în istorisirea lui Noe și a corabiei." Este foarte clar însă că Isus a crezut-o. Așa că, dacă nu o crezi, stai de vorbă cu el. Fie Isus este un mincinos, fie potopul s-a petrecut în realitate pentru că Isus a spus că s-a petrecut. O persoană nu poate spune „cred în Biblie. Cred în Isus, dar nu cred în relatarea despre potop." Isus a crezut-o. De fapt, El a folosit relatarea ca unul din cele mai mari avertismente exprimate vreodată. Isus a spus:

> „Cum s-a întâmplat în zilele lui Noe, aidoma se va întâmpla și la venirea Fiului omului. În adevăr, cum era în zilele dinainte de potop, când mâncau și beau, se însurau și se măritau, până în ziua când a intrat Noe în corabie, și n-au știut nimic, până când a venit potopul și i-a

luat pe toți, tot așa va fi și la venirea Fiului omului." (Matei 24:37-39)

Avertizare, după avertizare, după avertizare.

Pământul este plin cu mesajul lui Isus. Timp de mii de ani, oferta salvării a fost auzită. Oamenii continuă să-și vadă de afacerile lor, să-și trăiască viața și să se bucure de confort. Va veni însă o zi când judecătorul și judecata vor sosi.

Una dintre cele mai puternice afirmații ale Bibliei este găsită în Isaia 66:5: „...voi care vă temeți de Cuvântul Lui." Ar trebui să tremurăm atunci când citim despre istorisirea lui Noe și a corabiei pentru că a sosit o zi când „Dumnezeu a închis ușa." Noe și familia lui erau cu toții înăuntru, dar chiar înainte ca ploaia să înceapă, Biblia spune că „Dumnezeu a închis ușa." Iar aceasta nu avea să se mai deschidă. Era prea târziu. Ziua harului se încheiase. Invitația se sfârșise. Dumnezeu închisese ușa.

Va veni o zi când Dumnezeu va închide ușa salvării. Ultimul suflet va fi mântuit. Ultima persoană va veni în familia lui Dumnezeu prin credința în Isus și Dumnezeu va închide ușa. El va spune: „Acesta este ultimul."

Dumnezeu închide ușa pentru că zilele vieților noastre sunt numărate. Nu știu câte zile mai ai. Nici tu nu știi câte zile mai am eu, dar știm un lucru cu siguranță: avem cu șapte zile mai puțin decât aveam săptămâna trecută. Când ultima zi din viața noastră va fi trăită, ușa se închide. Nu există purgatoriu. Adevărul este că, după har, nu există o a doua șansă. Biblia spune în Evrei 9:27: „Și, după cum oamenilor le este rânduit să moară o singură dată, iar după aceea vine judecata." Apoi, Dumnezeu închide ușa.

Oamenii sunt suficient de naivi să creadă că Îl vor accepta pe Isus atunci când *ei* doresc să facă asta, dar Biblia spune, „Astăzi dacă auziți glasul Lui, nu vă împietriți inimile."

„După ce mi-am trăit viața, după ce m-am distrat, după anii adolescenței, după criza vieții de mijloc, atunci și doar atunci Îl voi accepta pe Isus. După ce mi-am crescut copiii. După ce mi-am încheiat cariera, după ce mi-am construit casa. Când mă pensionez. Atunci voi avea grijă de mântuirea mea."

Dragă prieten, tu nu vii la Isus când dorești. Tu vii la Isus atunci când ești atras de Duhul Sfânt. Isus spune: „Nimeni nu poate veni la Mine dacă nu-L atrage Tatăl, care M-a trimis;" (Ioan 6:44).

S-ar putea ca Dumnezeu să nu mai vorbească. S-ar putea ca Dumnezeu să închidă ușa azi. S-ar putea ca aceasta să fie ultima dată când inima ta este atinsă de lucrurile lui Dumnezeu, iar dacă nu vii azi, s-a încheiat pentru totdeauna. Astăzi ușa este deschisă. Astăzi este ziua mântuirii. *Aceasta* este vremea potrivită. Nu te lăuda cu ziua de mâine. Smereşte-te astăzi. Vino azi, la Isus. Încrede-te în El. Predă-te Lui şi intră în corabia mântuirii Sale. Vei fi atât de recunoscător că ai făcut-o. Astăzi. Acum. Vino în corabia mântuirii veşnice încrezându-te doar în Isus Hristos.

GHID C.E.A.R.

Citește:

- Citește Evrei 11:7 de câteva ori.
- Care crezi că este ideea principală pe care autorul dorește să o comunice?

Explorează:

1. Ce i-a descoperit Dumnezeu lui Noe, ce a făcut Noe ca răspuns?
2. Cum a putut Noe să trăiască așa cum a trăit, într-o cultură fără Dumnezeu?

Aplică:

- Viața lui Noe a strălucit ca o lumină puternică într-un loc întunecat și rău. Care este efectul unei vieți neprihănite într-o lume păcătoasă?
- În ce fel credința lui Noe, care „a osândit lumea" te învață cum să trăiești astăzi?

- Care sunt acele instrucțiuni care par fără sens, primite din partea lui Dumnezeu? Ai acționat pe baza acestor instrucțiuni sau ai fost mai preocupat de părerea lumii despre tine?

ROAGĂ-TE:

- Doamne Tată, îți mulțumim pentru consemnarea exemplului de credință al slujitorului Tău, Noe. Mărturisim că am avut o credință slabă. Am văzut ispitele acestei lumi și promisiunile unei răsplătiri imediate și le-am crezut. Iartă-ne și curățește-ne din nou prin sângele Fiului Tău. Mulțumim pentru Isus și pentru că sângele Lui este suficient ca să acopere păcatul și lipsa noastră de credință.

4

LEGAȚI DE CER

„Dar doreau o patrie mai bună, adică o patrie cerească." (Evrei 11:16)

Ai fost vreodată plecat în călătorie, dar dorindu-ți atât de mult să te întorci acasă? În urmă cu zece ani, am călătorit în Grecia, cu un prieten din biserica noastră. Ne-am bucurat să vedem munca pe care misionarii o făceau în jurul Atenei și am interacționat cu unii dintre ei. A fost un timp extraordinar. Ca să ne întoarcem acasă, am zburat din Atena, toată ziua am traversat Europa și Atlanticul, iar când am ajuns pe aeroportul JFK din New York, eram foarte obosiți. Acolo, ninsese, iar stratul de zăpadă creștea. Din cauza aceasta, zborul nostru următor a fost anulat de mai multe ori. Am stat în aeroport toată ziua, așteptând.

În cele din urmă, ne-am urcat în avionul nostru către Atlanta, iar când am ajuns acolo, am aflat că tocmai pierdusem ultima legătura către Knoxville. În acesl moment, eram în picioare de 27 de ore și eram epuizați. Pentru că nu am dorit să petrecem încă o noapte în aeroport, am hotărât să închiriem o mașină și să conducem ultimele trei ore către Knoxville.

Am intrat în mașina închiriată și, deși era ianuarie, am deschis geamurile până jos pentru a rămâne treji. În timp ce prietenul meu conducea pe autostrada 75, i-am spus toate glumele care îmi veneau în minte, i-am cântat tot felul de cântece copilărești și am făcut tot ceea ce am știut pentru a-l ține treaz. În cele din urmă, am ajuns la locul în care autostrada 75 și autostrada 45 se intersectează, iar acolo traficul s-a oprit brusc și total. Eram între ieșiri. Nu puteam să înaintăm și nu puteam să ne întoarcem, dar eram la doar câțiva kilometri de casă. Obosiți peste măsură, am adormit de-a binelea în mașină. Peste o oră, mașina din spatele nostru, a claxonat tare și lung, oferindu-ne posibilitatea de a ne pregăti pentru înviere! Mașinile accidentate fuseseră îndepărtate și, în sfârșit, ne puteam continua drumul. Când am ajuns acasă, și mi-am oprit ochii asupra ușii de la intrare, wow! Ce peisaj încântător! Niciodată nu mi-am dorit aşa de mult să ajung acasă.

Uneori, călătoria credinţei noastre este exact la fel. Atunci când îl urmăm pe Domnul, vieţile noastre pot fi uneori pline cu planuri anulate, visuri abandonate şi complicaţii nedorite. Uneori suntem obligaţi să mergem pe drumuri la care nu ne aşteptam sau descoperim că am luat-o într-o direcţie greşită, iar acum suntem departe de drum. A-L urma pe Dumnezeu poate arăta aşa. Un lucru este însă sigur: călătoria *credinţei* este, încă, *cea mai bună* călătorie, pentru că aceasta este întotdeauna *legată de ceruri*. Este călătoria care, în cele din urmă, ne va duce acasă.

„În credinţă au murit toţi aceştia, fără să fi
căpătat lucrurile făgăduite: ci doar le-au văzut
şi le-au urat de bine de departe, mărturisind
că sunt străini şi călători pe pământ. Cei ce
vorbesc în felul acesta, arată desluşit că sunt în
căutarea unei patrii. Dacă ar fi avut în vedere
pe cea din care ieşiseră, negreşit că ar fi avut
vreme să se întoarcă în ea. Dar doreau o patrie
mai bună, adică o patrie cerească. De aceea,
lui Dumnezeu nu-I este ruşine să Se numească
Dumnezeul lor, căci le-a pregătit o
cetate." (Evrei 11:13-16).

CEA MAI PROFUNDĂ CONVINGERE

În Evrei 11:13 ni se vorbeşte despre oameni ai credinţei, oameni ale căror vieţi au avut parte de ocoliri, întârzieri şi anulări, dar care au perseverat pentru că se aflau într-o călătorie *către casă*. Îl urmau pe Dumnezeu. Călătoria credinţei este cea mai bună călătorie, datorită unor motive pe care înaintaşii noştri le-au experimentat din plin, cu veacuri şi veacuri în urmă. Călătoria credinţei este cea mai bună călătorie şi pentru că exprimă cea mai *profundă convingere*.

> „În credinţă au murit toţi aceştia, fără să fi căpătat lucrurile făgăduite: ci doar le-au văzut şi le-au urat de bine de departe, mărturisind că sunt străini şi călători pe pământ."
> (Evrei 11:13)

Autorul Epistolei către Evrei vorbeşte despre oamenii care tocmai au fost descrişi în versetele anterioare. El vorbeşte despre Avraam, Sara, Isaac şi Iacov. El spune despre ei: „toţi aceştia au murit în credinţă..." Aceasta înseamnă că au trăit şi au murit încrezându-se mereu în Dumnezeu.

Observaţi însă acest lucru. Ei au murit „fără să fi căpătat lucrurile făgăduite." Dumnezeu le promisese lucruri extraordinare. Li se promisese țara și țara nu era, cu adevărat, a lor. În Geneza 22:17, Dumnezeu a promis:

„Te voi binecuvânta foarte mult și-ți voi înălța foarte mult sămânța, și anume: ca stelele cerului și ca nisipul de pe țărmul mării;"

Nu era o familie mare, dar li s-a promis o stăpânire globală, faptul că toate națiunile pământului vor fi binecuvântate prin poporul lor și prin unul dintre urmașii lor.

Această promisiune nu fusese încă îndeplinită. Uneori citim astfel de pasaje, fără a le încadra temporar, iar ele nu au un impact suficient de puternic asupra noastră. Acești oameni despre care vorbește scriitorul sunt oameni ca Sara, care a trăit 62 de ani în țară și nu a văzut împlinirea lucrurilor pe care Dumnezeu le promisese. Soțul său, Avraam a trăit 100 de ani în țara pe care Dumnezeu i-a promis-o și nu a primit lucrurile promise. Isaac a trăit 180 de ani în acea țară și nu a experimentat lucrurile pe care Dumnezeu promisese că i le va da. Iacov a trăit 147 de ani, iar ultimii 17 ani au fost petrecuți în Egipt, fără a vedea împlinirea lucrurilor promise de Dumnezeu în timpul vieții lui.

Priviți cu atenție la cronologia vieții lor. Veți găsi că această familie-Avraam, Sara, Isaac și Iacov-a trăit 232 de ani în această țară și totuși nu au văzut împlinirea lucrurilor promise de Dumnezeu.

Aplică aceasta în viața ta. Cum ar fi dacă Dumnezeu ar fi făcut familiei tale niște promisiuni extraordinare prin anul 1787, iar aceste promisiuni nu s-ar fi împlinit până acum? Aceasta ne ajută să ne facem o idee cu privire la cât de mult au perseverat acești oameni care au trăit viața întreagă și au murit fără să experimenteze toate lucrurile promise de Dumnezeu. Cu toate acestea, și-au trăit viețile și au murit cu o convingere profundă. Biblia spune că, deși nu au primit lucrurile acestea, „...le-au văzut." Cum le-au „văzut" dacă nu le-au primit? Privește din nou la Evrei 11:1. Ce este credința? „Și credința este o încredere neclintită în lucrurile nădăjduite, o puternică încredințare despre lucrurile care nu se văd. Pentru că prin aceasta, cei din vechime au căpătat o bună mărturie." Credința, pune stăpânire pe ceea ce este real, dar nu este încă văzut. Ei au văzut împlinirea și au văzut-o *prin credință*.

> „În credință au murit toți aceștia, fără să fi căpătat lucrurile făgăduite: ci doar le-au văzut și le-au urat de bine de departe, mărturisind că sunt străini și călători pe pământ."
> (Evrei 11:13)

Nu doar că acești urmași străvechi ai lui Dumnezeu nu au văzut împlinirea, dar Scriptura ne spune că „le-au urat de bine de departe." Aceasta înseamnă că au văzut aceste promisiuni de la distanță, iar expresia „urat de bine," este una extraordinară. Este imaginea unui om care stă pe vârfurile degetelor și zărește ceva ce-și dorește foarte mult. Este folosită și în contextul „salutului." Vezi pe cineva la o oarecare depărtare și începi să faci cu mâna și să saluți, așa cum ai face cu cineva drag la aeroport. Acest cuvânt ne arată ca Avraam, Sara, Isaac și Iacov nu înaintau demotivați. Îl urmau pe Dumnezeu și, deși nu primiseră promisiunile lui Dumnezeu, le-au văzut *prin credință* și le-au anticipat.

Trebuie să înțelegem ceva despre credință. Credința nu înseamnă doar a fi de acord cu ceva din punct de vedere *intelectual*. Credința implică intelectul. Cunoști anumite lucruri și crezi anumite lucruri, dar credința este și *o anticipare emoțională*. Credința este asigurarea că ceva ți-a fost promis, iar acel lucru este anticipat emoțional din străfundurile ființei tale. Călătoria credinței exprimă cea mai profundă convingere pentru că este o convingere cu privire la *ceea ce ai*. Chiar dacă nu ai primit acel lucru, încă, este al tău și îți aparține datorită credinței.

Credința este și o convingere cu privire la *cine* ești. Evrei 11:13 spune că acești oameni au înțeles că „...sunt străini și călători pe pământ." Cuvântul *străin* face referire la o persoană care nu aparține unui anumit loc. Este din altă țară. Cuvântul *străin* este cuvântul grecesc *parapitami* care descrie un pelerin, un călător sau cineva care umblă prin țară. Acesta era numele pe care l-au primit oamenii credinței. Ei erau străini sau călători, dar nu și-au asumat acest nume pentru că *alți oameni* i-au numit așa. Ei și-au asumat aceasta ca fiind identitatea lor pentru că așa s-au numit ei *înșiși*.

Aceștia sunt termenii exacți folosiți de Avraam însuși atunci când a mers la hetiți pentru a cumpăra o peșteră în care s-o îngroape pe Sara. El a spus hetiților: „eu sunt străin și venetic printre voi." Acesta nu este lucrul pe care *ei* îl spuneau despre *el*. Ei spuneau: „Tu ești ca un domnitor al lui Dumnezeu în mijlocul nostru." El *însuși* s-a numit străin și venetic. Gândește-te la aceasta. Într-un sens, acesta era, deja, pământul său. Dumnezeu i-l promisese, dar Dumnezeu nu îi dăduse încă posesia deplină asupra lui, iar Avraam se socotea un pelerin.

Dacă ești un pelerin, nu te-ai rătăcit; știi unde mergi, doar că nu ai ajuns încă acolo.

Scopul nostru ar trebui să fie să avem o credință întocmai ca aceasta. Dacă suntem urmași ai Domnului, dacă suntem oameni ai credinței, ar trebui să avem o credință ca a lui Avraam și ar trebuie să ne însușim statutul de străini și călători. Ar trebui să ne asumăm identitatea. Nu suntem cetățeni ai acestei țări sau ai acestei lumi. În cele din urmă, suntem cetățeni ai cerului. Doar trecem prin această țară, întrucât călătorim către țara promisă. Aceștia suntem. Dacă suntem urmașii lui Dumnezeu, trebuie să ne asumăm această identitate, pentru că toată viața noastră vom fi pelerini.

CEA MAI CLARĂ DIRECȚIE

Credința ne oferă o nouă identitate cu privire la ceea ce avem și cine suntem, dar ne oferă și o nouă viziune cu privire la *locul spre care mergem*. Ne oferă *direcție*. Călătoria credinței noastre ne furnizează cea mai profundă convingere, dar ne furnizează și cea mai *clară* direcție. Știm încotro mergem și știm unde să *nu* mergem.

> „Cei ce vorbesc în felul acesta, arată deslușit că sunt în căutarea unei patrii. Dacă ar fi avut în vedere pe aceea din care ieșiseră, negreșit că ar fi avut vreme să se întoarcă în ea. Dar doreau o patrie mai bună, adică o patrie cerească."
>
> (Evrei 11:14, 15, 16a)

Timp de 75 de ani, Avraam a trăit o viață liniștită în Babilon, în țara Caldeilor. Era un loc foarte bogat și foarte confortabil de locuit. Era centrul lumii. Avraam a trăit o viață liniștită acolo, până când, într-o zi, s-a întâlnit cu

Dumnezeu, sau, poate ar trebui să spunem, „*Dumnezeu l-a întâlnit pe el.*" Când, Dumnezeu l-a întâlnit, l-a și chemat.

În ziua în care Dumnezeu l-a întâlnit pe Avraam, l-a chemat să își părăsească țara și să se mute într-un loc diferit. Dumnezeu i-a spus lui Avraam că nu va mai trăi în țara lui natală și l-a chemat la un mod diferit de viață. „Mă vei urma pe Mine. Nu vei mai trăi așa cum ai trăit în acest loc. Nu vei mai avea parte de viața tihnită pe care ai avut-o până acum. Mă vei urma înspre un loc diferit și vei trăi o viață diferită pentru că de acum, Avraam, vei fi unul din urmașii Mei." Avraam și-a împachetat lucrurile și l-a urmat pe Dumnezeu.

Să nu credem că a plecat dintr-un sentiment al datoriei. Să nu ne imaginăm că Avraam, în timp ce-și împacheta lucrurile și le lega cu sfoară, spunea: „Da știu, Sara, dar trebuie să plecăm. Dumnezeu spune că trebuie, așa că, să o facem." Avraam era încântat să-L cunoască pe Dumnezeul cel viu și L-a urmat pe Dumnezeu cu devotament, întrucât acum Îl cunoștea pe Acest Dumnezeu.

Avraam fusese un închinător la idoli. Se rugase dumnezeilor de piatră. Aceștia nu-i spuseseră nimic niciodată. Nu avuseseră nicio relație cu el, dar acum îl întâlnise pe Dumnezeul cel viu. Aceasta este, cu adevărat o viață vrednică de trăit, iar Avraam L-a urmat pe

Dumnezeu, pentru că L-a cunoscut pe Dumnezeu, iar pentru că L-a urmat pe Dumnezeu, Avraam avea acum o direcție clară.

Oamenii care Îl urmează pe Dumnezeu au o direcție clară.

Avraam a trăit călăuzit de direcțiile conținute în aceste trei adevăruri. Acestea ar putea fi numite *declarațiile pelerinului*: nu mă voi întoarce, nu mă voi așeza și nu mă voi mulțumi cu mai puțin.

Avraam știa că nu mai putea să se întoarcă niciodată. Era o rupere a legăturilor. A plecat prin credință, urmându-L pe Dumnezeu, iar acum *nu se mai putea întoarce niciodată*. Avraam știa că atâta timp cât Îl urma pe Dumnezeu, nu putea *să se așeze în vreun loc*. El a spus: „Voi trăi de acum în corturi și voi pleca atunci când Dumnezeu îmi spune să plec. Până când Dumnezeu îmi va arăta cetatea pe care a zidit-o, nu voi mai fi locuitorul unei alte cetăți." Avraam a spus: „Nu mă voi mai întoarce, nu mă voi așeza și *nu mă voi mulțumi cu mai puțin.*" Inima mea îi aparține lui Dumnezeu. El este răsplata mea cea mare.

„Nu contează dacă locurile de lângă Sodoma sunt bine udate. Nu contează dacă arată ca un loc mai bun pentru a face afaceri. Nu contează dacă aud cântece și veselie ridicându-se din cetățile de mai jos. Nu contează dacă oamenii pe care-i iubesc și față de care sunt dedicat merg să locuiască acolo. Nu mă voi mulțumi cu mai puțin. Îl voi urma pe Dumnezeul meu."

Avraam și-a învățat familia să gândească în felul acesta. „Nu ne vom întoarce." El a spus robului său: „Să nu cumva să duci pe fiul meu acolo!" Avraam a hotărât, de asemenea, că „nu se va așeza într-un loc." Avraam, Isaac și Iacov și-au trăit viețile în corturi. Ei nu au construit niciodată o casă. Ei nu s-au mutat niciodată într-o cetate. Ei erau oameni ai altarului. Ei își așezau cortul și zideau un altar pentru Dumnezeul lor.

Faci parte din familia lui Avraam? Ești un urmaș al lui Dumnezeu ca Avraam? Dacă da, amintește-ți aceasta—suntem într-o călătorie. Suntem străini. Aceasta nu este casa noastră. Doar trecem pe-aici. Îl vom urma pe Dumnezeu și suntem hotărâți să trăim conduși de aceste trei principii: *nu mă voi întoarce* la viața din care Dumnezeu m-a salvat. Nu mă voi întoarce în acea groapă. Nu mă voi întoarce în acea întunecime. *Nu mă voi așeza* aici. Nu îmi voi înfige rădăcinile în sistemul acestei lumi. *Nu mă voi mulțumi cu mai puțin.* Îl vreau pe Domnul mai mult decât toate bogățiile lumii. Îl voi urma pe El.

Așa trăiesc urmașii lui Dumnezeu. Ei nu cunosc totul. Contextul poate fi confuz. Cărarea se poate întuneca, dar urmașii lui Dumnezeu sunt conduși de aceste principii. *Nu* mă voi întoarece, nu mă voi aşeza şi nu mă voi mai mulţumi cu mai puţin. Domnul este viaţa mea.

CONFIRMARE

A parcurge călătoria credinţei oferă cea mai profundă convingere, pentru că ştim cine suntem, ştim ce avem şi avem cea mai clară direcţie pentru că ştim încotro mergem. Dar, la final, atunci când parcurgem călătoria credinţei, ştim că este cea mai bună călătorie pentru că primim cea mai înaltă *confirmare*.

Trebuie să medităm asupra unuia dintre cele mai uimitoare versete din Cuvântul lui Dumnezeu. În Evrei 11:16, Domnul spune despre cei care Îl urmează: „De aceea lui Dumnezeu nu-I este ruşine să se numească Dumnezeul lor, căci le-a pregătit o cetate." Acesta este un verset uimitor întrucât conţine confirmarea lui Dumnezeu. Pentru că oamenii credinţei Îl urmează şi merg acolo unde El îi conduce, fără a se întoarce, fără a se aşeza şi fără a se mulţumi cu mai puţin, lui Dumnezeu nu îi este ruşine să se numească Dumnezeul lor.

Când Dumnezeu confirmă statutul unor astfel de pelerini, El nu vorbeşte despre oameni perfecţi. Aceşti credincioşi în Dumnezeu nu erau pildele unor vieţi perfecte. De fapt, atunci când citim despre Avraam, Sara, Isaac şi Iacov, observăm că uneori au fost necredincioşi şi au făcut fapte rușinoase. Nu au fost perfecți. Nu desăvârșirea vieții lor i-a făcut urmași ai lui Dumnezeu, ci *direcția* vieții lor. Puteau să cadă, puteau că cedeze, puteau să o ia pe cărări greșite, puteau să facă fapte rele, dar, în inima lor, întotdeauna se întorceau înapoi pentru a-L urma pe Dumnezeu, iar Lui nu I-a fost rușine să se numească Dumnezeul lor. Ce confirmare glorioasă! Cu siguranță, acest lucru ne încurajează și pe noi cei de azi!

Dar tu? Te-ai rătăcit vreodată pe cale? Ai fost vreodată necredincios? Ai făcut lucruri rușinoase? Cu toții cunoaștem răspunsurile la aceste întrebări, dar amintește-ți acest lucru--Dumnezeu îți vede inima. El cunoaște toate lucrurile. Atunci când știe că Îl iubești, Lui nu îi este rușine să se numească Dumnezeul tău.

IDENTIFICARE

Mai uimitoare chiar decât confirmarea pe care Dumnezeu o oferă este indentificarea personală a lui Dumnezeu cu poporul Său. El se identifică într-o asemenea măsură cu ei, încât spune: „Nu Îmi este rușine să fiu numit Dumnezeul lor."

Atunci când Avraam a intrat în țară, peste tot erau dumnezei. Oamenii acestei noi țări se închinau înaintea a tot felul de dumnezei falși. Astfel, cum au definit și cum au descris acești oameni Dumnezeul nou înaintea căruia se închina Avraam? L-au numit „*Dumnezeul lui Avraam.*" În țară existau pietre comemorative ridicate pentru „Dumnezeului lui Avraam." Mai apoi, aceste pietre au fost ridicate pentru „*Dumnezeul lui Avraam și a lui Isaac.*" În cele din urmă, Dumnezeu a fost cunoscut ca „*Dumnezeul lui Avraam, Isaac și Iacov.*" Lucrul cu adevărat uimitor nu este că Dumnezeu a fost numit în felul acesta, ci faptul că El Însuși S-a numit așa.

Atunci când Dumnezeu S-a descoperit lui Moise la rugul aprins, a spus: „Eu sunt Dumnezeul Tatălui tău, Dumnezeul lui Avraam, Dumnezeul lui Isaac și Dumnezeul lui Iacov" (Exodul 3:6). Dumnezeu s-a identificat cu poporul Său imperfect. Aceștia erau oameni pe care Dumnezeu îi chemase prin harul Său, pe care îi adusese la Sine și despre care spusese: „Eu sunt Dumnezeul lor. Acesta este Numele Meu."

El este Dumnezeul lui Avraam. El este Dumnezeul lui Isaac. El este Dumnezeul lui Iacov. Prieteni, gândiți-vă la aceasta! El este Dumnezeul lui Iosif. El este Dumnezeul lui Moise. El este Dumnezeul lui Samuel. El este Dumnezeul lui Rut. El este Dumnezeul lui David. El este Dumnezeul lui Daniel. El este Dumnezeul lui Neemia. El este Dumnezeul lui Iosif și al Mariei. El este Dumnezeul lui Ioan. El este Dumnezeul lui Petru. El este Dumnezeul lui Pavel.

În calitate de urmaș al lui Dumnezeu, poți să îți inserezi și tu numele acolo. El este Dumnezeul lui _____. „Dumnezeul lui Avraam, Isaac și Iacov" este Dumnezeul meu și se numește după numele meu. El este al meu. Acest lucru este mai mult decât minunat, iar ceea ce este cel mai bun încă nu a sosit.

„De aceea, lui Dumnezeu nu Îi este rușine să Se numească Dumnezeul lor, căci le-a pregătit o cetate" (Evrei 11:16). Dumnezeu se identifică atât de mult cu poporul Său, că a pregătit o cetate pe care să o împartă cu ei. Un loc unde aceștia vor locui împreună cu El. Fiecare urmaș al lui Dumnezeu va fi un cetățean al acestui oraș. Dumnezeu l-a pregătit pentru noi toți. În Ioan 14:2-3, Isus spunea:

> În casa Tatălui Meu sunt multe locașuri. Dacă n-ar fi așa, v-aș fi spus. Eu mă duc să vă pregătesc un loc. Și după ce mă voi duce și vă voi pregăti un loc, Mă voi întoarce și vă voi lua cu mine, ca, acolo unde sunt eu, să fiți și voi.

Urmașii lui dumnezeu au un loc pregătit de Dumnezeu și acesta este casa noastră.

Când vei ajunge în cer, vei fi așteptat. Oamenii nu vor spune: „Cum? Ai reușit?!!!" Nu, ci vor spune: „Te așteptam." Vei fi așteptat și *acceptat*. *Aceasta* este casa ta adevărată. În cetatea lui Dumnezeu nu vei mai fi un pelerin. Nu vei fi un străin. Vei fi acolo ca parte a familiei.

Dacă mergem într-acolo, atunci da, suntem străini aici. Domnul să ne ajute să ne trăim vieţile spunând: „Nu mă voi întoarce. Lumea aceasta nu îmi poate oferi nimic. Nu mă voi aşeza. Nu îmi voi trăi viaţa ca şi cum casa mea ar fi aici. Nu mă voi mulţumi cu nimic mai puţin decât cu a-L urma pe Dumnezeu şi a experimenta viaţa Sa adevărată, din abundenţă. Accept dragostea lui Hristos pentru mine şi primesc toate binecuvântările Sale şi Cerul de asemenea." Prieteni, noi niciodată nu am jertfit ceva, pentru că ceea ce am primit este Hristos Însuşi. Cât de bogaţi suntem! Trebuie să ne ridicăm şi să Îl urmăm!

GHID C.E.A.R.

CITEȘTE:

- Citește Evrei 11:13-16 de câteva ori.
- Care crezi că este ideea principală pe care autorul dorește să o comunice?

EXAMINEAZĂ:

1. Versetul 13 spune: „În credință au murit toți aceștia, fără să primească lucrurile făgăduite..." Ținând cont de aceasta, care a fost motivația care i-a determinat pe toți acești oameni (Evrei 11:2-12) să pună deoparte confortul material?
2. Care e lucrul pe care l-au realizat despre Dumnezeu și care i-a transformat radical?

APLICĂ:

- Deși nu trăim ca nomazi, în corturi, la fel ca Avraam și familia sa, care sunt acele alegeri pe care le facem în viețile noastre și care Îi spun lui Dumnezeu că Îi suntem credincioși lui înainte de orice altceva? În ce fel indică viețile noastre că suntem „străini și călători pe pământ?"

- Deși Dumnezeu nu va reproduce în viața noastră testele prin care l-a trecut pe Avraam, El ne-a testat și ne va testa pe fiecare dintre noi. Care au fost încercările grele pe care Dumnezeu le-a folosit pentru a-ți întări credința și pentru a te ajuta să te încrezi mai mult în El?
- În ce fel te învață exemplul lui Avraam să Îl urmezi pe Dumnezeu?

ROAGĂ-TE:

> Unii dintre noi am înfipt țărușii cortului nostru adânc în betonul acestei lumi. Doamne, prin Duhul Sfânt, folosește ciocanul Cuvântului Tău care sfărâmă stânca și scoate acești țăruși. Ajută-ne să fim liberi pentru a te putea urma. Nu ne vom mulțumi cu nimic mai puțin decât cu cunoștința lui Hristos Isus, Domnul nostru, pentru care suntem dispuși să suferim toate lucrurile, pentru a-L câștiga pe Hristos. Ajută-ne Doamne. Condu-ne. Atrage-ne înspre Tine. Suntem mulțumitori să știm că tu ne conduci către casă.

5

CREDINȚĂ PÂNĂ LA LINIA DE SOSIRE

Căci se gândea că Dumnezeu poate să învie chiar și din morți: și, drept vorbind, ca înviat din morți l-a primit înapoi.
(Evrei 11:19)

Ca urmași ai lui Dumnezeu, trebuie să-L urmăm pe Dumnezeu. Un urmaș credincios al lui Dumnezeu însă nu este o persoană care doar merge la biserică. Există o diferență semnificativă între a frecventa biserica și a-L urma pe Dumnezeu. În calitate de creștini, trebuie să le facem pe ambele. Domnul ne-a lăsat exemple puternice de credincioși statornici în Evrei, capitolul 11. Prezența lor în Scriptură este menită la a ne inspira să fim mai echipați pentru scopurile lui Dumnezeu în viața noastră.

„A trebuit" vreodată să faci vreo călătorie până la magazin? Cuvântul de bază aici este „trebuie." Nu știu cum ești tu, dar în ce mă privește, a merge la magazin, este similar cu a merge la mall. Acestea sunt cuvintele care ar trebui să fie scrise deasupra ambelor intrări: „Părăsiți speranța, voi toți care intrați aici."

Uneori, sunt încurajat de soția mea să fac o vizită la magazin. Îmi dă o listă cu lucrurile de care are nevoie, dar odată ce ajung acolo și mă plimb pe culoare, observ și *alte* lucruri pe care vreau să le cumpăr. Lucruri de pe fiecare culoar strigă către mine: „Sam, ia-mă. Pune-mă în coș, te rog, Sam!"

Lupt lupta cea bună și rămân tare, dar după toată această luptă, ajung la casă, unde sunt înconjurat de cele mai ispititoare produse—bomboane și ciocolată. Este o provocare serioasă! Uneori biruiesc, iar uneori nu, dar atunci când nu reușesc, ambalajul nu ajunge niciodată acasă.

Cu ajutorul acestor vizite la magazin, am descoperit o metaforă spirituală importantă. Cele mai mari ispite și încercări din viața noastră au loc tocmai înainte de *ieșire*.

Una din cele mai semnificative chemări, pe care le avem în calitate de urmași ai lui Dumnezeu este să ne păstrăm credința până la linia de sosire. Credem că va trebui să facem față celor mai aspre ispite și încercări în prima parte a umblării noastre creștine, dar experiența mea îmi spune că cele mai aspre încercări și ispite apar tocmai înainte de ieșire. Să privim la câteva exemple încurajatoare de *credință până la linia de sosire.*

„Prin credință a adus Avraam jertfă pe Isaac, când a fost pus la încercare: el, care primise făgăduințele cu bucurie, a adus jertfă pe singurul lui fiu! El, căruia i se spusese: 'În Isaac vei avea o sămânță care-ți va purta numele.' Căci se gândea că Dumnezeu poate să învie chiar și din morți: și, drept vorbind, ca înviat din morți l-a primit înapoi. Prin credință a dat Isaac lui Iacov și Esau o binecuvântare, care avea în vedere lucrurile viitoare. Prin credință, Iacov, când a murit, a binecuvântat pe fiecare din fiii lui Iosif, și 's-a închinat, rezemat pe vârful toiagului său.' Prin credință a pomenit Iosif, când i s-a apropiat sfârșitul, de ieșirea fiilor lui Israel din Egipt, și a dat porunci cu privire la oasele sale."
(Evrei 11:17-22)

O moștenire a credinței trece de la Avraam la fiul Isaac, la nepotul Iacov și apoi la strănepotul Iosif. Putem să învățăm din mărturiile lor ce înseamnă să avem o credință până la linia de sosire. În timp ce medităm la credința noastră, va fi benefic să ne gândim la acești patru oameni și la ceea ce ei ne învață despre credința care *se sfârșește cu bine.*

AVRAAM
Credința Jertfitoare

În acest pasaj, ne întoarcem, către o altă relatare din viața lui Avraam, un exemplu incredibil al *credinței jertfitoare.* El a fost un om care a căpătat trecere înaintea lui Dumnezeu. După cum s-a spus mai devreme, Avraam a fost chemat dintr-un mediu păgân și de la închinarea înaintea unor dumnezei falși. Prin harul lui Dumnezeu, a ajuns să-L cunoască pe Dumnezeul viu și adevărat, iar Dumnezeu i-a onorat și i-a binecuvântat viața. Dumnezeu l-a făcut pe Avraam un om bogat, dar cele mai mari bogăți ale lui Avraam proveneau din *prietenia* cu Dumnezeu. El, era prietenul lui Dumnezeu.

Într-o zi, Dumnezeu a cerut prietenului său ceea ce era de neconceput. Dumnezeu i-a cerut lui Avraam să jertfească comoara sa cea mai de preț—fiul său, Isaac. Timp de ani de zile, în fiecare zi când Avraam îl vedea pe Isaac, se bucura și Îi mulțumea lui Dumnezeu pentru credincioșia Sa. De fiecare dată când ochii i se opreau asupra lui Isaac, Avraam își amintea cât de mult l-a binecuvântat Dumnezeu. În această zi, însă, Dumnezeu i-a cerut lui Avraam să-i dea înapoi ceea ce El îi dăduse. I-a cerut lui Avraam să îl dea înapoi pe fiul său...ca o ardere de tot.

Este imposibil să ne imaginăm durerea, teama și groaza care au cuprins sufletul lui Avraam timp de trei zile, în timp ce el și fiul său cel tânăr călătoreau înspre muntele pe care Dumnezeu i-l arătase, locul unde avea să-l jertfească pe fiul său. Mai există un singur om în Scripturi care a trecut printr-o asemenea perioadă de întunecime: Însuși Domnul nostru Isus Hristos, în grădina Ghetsimani, în noaptea dinainte de a fi jertfit pe cruce.

Credința lui Avraam a fost zguduită. „Doamne, cum este posibil? Isaac este fiul pe care mi l-ai dat la bătrânețe. El este cel pe care l-ai promis. El este acela prin care ai spus că se vor împlini toate promisiunile." Dar, în ciuda șocului lui Avraam, credința sa nu a căzut. A continuat să creadă și să Îl urmeze pe Dumnezeu.

Este imposibil să ai credință în Dumnezeu, iar credința să nu îți fie testată. Adeseori, acea *testare a credinței* presupune o jertfă dureroasă. Da, vor fi vremuri când credința noastră va fi testată într-un asemenea fel, încât jertfa pe care o vom aduce va dovedi dacă suntem sau nu suntem loiali față de Dumnezeu. S-ar putea să ne trezim întrebându-ne dacă Dumnezeu este cu adevărat, pe *primul* loc în viețile noastre. Credința noastră va fi testată pentru a dovedi dacă este așa, pentru că Dumnezeu, ca

Mântuitor și rege, va accepta un singur loc, iar acesta este primul loc. În ce-L privește pe Dumnezeu este vorba de primul loc sau niciun loc.

Biblia este o carte despre iubire. Cuvântul *iubire* este folosit de sute de ori în Cuvântul Său. Cuvântul este folosit pentru prima dată în această istorisire din Geneza 22: 2.

„Dumnezeu i-a zis: 'Ia pe fiul tău, pe singurul tău fiu, pe care-l iubești, pe Isaac; du-te în țara Moria, și adu-l ardere de tot acolo, pe un munte pe care ți-l voi spune.'"

Cuvântul *iubire* este folosit aici ca un test pentru a descoperi unde se află iubirea supremă în viața unui urmaș al lui Dumnezeu. Dumnezeu i-a cerut lui Avraam să facă un lucru de neconceput și a cerut-o în modul cel mai dureros cu putință. Dumnezeu, și-a ales cuvintele în mod intenționat: „Avraam, slujitorul Meu, prietenul Meu. "Ia pe fiul tău, pe singurul tău fiu, pe care-l iubești, pe Isaac; du-te în țara Moria, și adu-l ardere de tot."

Nu putem decât să ne imaginăm lupta care s-a dat în sufletul acestui sfânt bătrân. Agonia trebuie să fi fost copleșitoare. În timpul nopții, Avraam trebuie să se fi strecurat afară din tabără, lăsându-și fiul lângă foc, pentru a plânge către Dumnezeu sub lumina stelelor: „trebuie să existe o altă cale!"

În urmă cu mulți ani, a existat un pastor baptist care a refuzat să se supună controlului guvernului asupra predicării și învățăturii sale. Din cauza acestui fapt, a fost aruncat în închisoare pentru 12 ani. În timp ce se afla acolo, mintea lui era bântuită de imagini ale soției și ale copiilor, în mod deosebit ale fiicei sale mici care era oarbă. Privind în urmă la acele zile de chin, pastorul scria: „În condiția mea de atunci, eram un om care-și dărâma casa peste soția și copiii lui. Cu toate acestea, mă gândeam, trebuie să o fac."

În timp ce slujitorul era în închisoare, a scris o carte despre încercările credinței. Cartea este intitulată *Călătoria Pelerinului*. Pastorul era John Bunyan. *Călătoria Pelerinului* este a doua cea mai publicată carte, după Biblie și a fost în permanență tipărită din momentul în care a fost scrisă, în mijlocul anilor 1600. Uneori, credința presupune jertfă. John Bunyan ar fi putut ieși din închisoare în orice zi, dacă ar fi permis în viața lui o dedicare mai mare decât dedicarea lui față de Dumnezeu. Nu a vrut să o facă. Nici Avraam nu a vrut. Avraam l-a iubit pe Dumnezeu mai mult decât și-a iubit fiul.

Avraam și Isaac au ajuns în cele din urmă pe vârful muntelui Moria, creasta muntoasă pe care este așezat Ierusalimul. O parte a acestei creste este Calvarul. Imaginați-vă scena. Tatăl și fiul urcă muntele împreună.

Tatăl are cuțitul agățat la brîu. Fiul, Isaac, cară lemnul pentru jertfă în spate.

„Avraam a luat lemnele pentru arderea de tot, le-a pus în spinarea fiului său, Isaac, și a luat în mână focul și cuțitul. Și au mers astfel, amândoi împreună. Atunci Isaac, vorbind cu tatăl său, Avraam, a zis 'Tată!' 'Ce este, fiule?' i-a răspuns el. Isaac a zis din nou: 'Iată focul și lemnele; dar unde este mielul pentru arderea de tot?' 'Fiule,' a răspuns Avraam 'Dumnezeu Însuși va purta de grijă de mielul pentru arderea de tot.' Și au mers amândoi împreună înainte."

Gândește-te la supunerea totală a lui Isaac atunci când își dă seama de ceea ce urmează să se întâmple. Avraam își leagă copilul care avea 14 sau 15 ani și îngenunchează în fața lui. Avraam începe să lege mâinile lui Isaac. Acesta este suficient de tânăr să rupă acele legături, să-și învingă tatăl și să fugă, dar are o încredere puternică în el. Deși este plin de teamă, Isaac se dăruiește prin credință tatălui său. Tatăl său îl pune deasupra lemnelor. Apoi, își pune mâna peste fața fiului său, ridică cuțitul în aer, și chiar în punctul în care se pregătește să își înjunghie fiul, Dumnezeu vorbește:

„Îngerul a zis: 'Să nu pui mâna pe băiat, şi să nu-i faci nimic; căci ştiu acum că te temi de Dumnezeu, întrucât n-ai cruţat pe fiul tău, pe singurul tău fiu, pentru Mine.'" (Geneza 22:12)

Biblia ne spune că Avraam şi-a ridicat ochii şi a văzut un berbec cu coarnele încurcate într-un tufiş. Nu este uimitor? A văzut un *berbec încoronat cu spini*. Avraam a luat acest berbec şi acolo, pe muntele Moria, poate chiar pe Muntele Calvarului, a jertfit berbecul în locul fiului său. Poţi să îţi imaginezi o închinare mai plină de bucurie decât aceia a acestui om bătrân şi a fiului său, plecându-se înaintea Dumnezeului lor în faţa acelei jertfe? Ce moment!

Avraam umblase cu Dumnezeu timp de 50 de ani, dar nu îl cunoscuse niciodată aşa cum L-a cunoscut acum. Avusese parte de o asemenea experienţă cu Dumnezeu în acea zi încât i-a dat un nume nou: Iehova-Ire, *Domnul poartă de grijă*. Dumnezeu l-a adus pe Avraam pe marginea prăpastiei pentru ca slujitorul său să-L poată face cunoscut ca Iehova-Ire.

Sursa credinţei lui Avraam, nu a fost în Avraam. Sursa credinţei lui Avraam era în Dumnezeul lui Avraam. Avraam a avut o asemenea credinţă pentru că Îl *cunoştea* pe Dumnezeu. Ştia că Dumnezeu este bun. Ştia că se poate baza pe Dumnezeu. Ştia că Dumnezeu este vrednic de încredere. Dumnezeu nu poate minţi.

Avraam era atât de sigur de caracterul lui Dumnezeu, încât credea că Dumnezeu avea un plan. „Dacă Dumnezeu mi-a cerut să iau viaţa singurului meu fiu, înseamnă că Dumnezeu plănuieşte să-l învie din morţi. Evrei 11:19 spune „Căci se gândea că Dumnezeu poate să învie chiar şi din morţi: şi, drept vorbind, ca înviat din morţi l-a primit înapoi." Avraam şi-a încredinţat fiul lui Dumnezeu. „Ştiu că fiul meu este cel mai în siguranţă, nu în mâinile mele, ci în mâinile Tale."

Aceasta este o repetiţie pentru calvar şi pentru înviere. Peste 1800 de ani un Tată-Dumnezeu, a iubit păcătoşi ca mine şi ca tine atât de mult încât *nu* l-a cruţat pe Fiul Său, ci L-a dat pentru noi. Isus s-a întins de bună voie pe acel altar de lemn şi El şi Tatăl au înfăptuit jertfa. Isus a murit pentru păcatele noastre şi Dumnezeu L-a înviat din morţi, astfel încât, prin El, naţiunile pământului să devină fiii şi fiicele Sale. Ce Dumnezeu slujim!

Prin credinţă, Avraam, L-a dat pe fiul său, pe Isaac. Isaac înseamnă bucurie. Dumnezeu nu i-a cerut lui Avraam să renunţe la *păcatul* lui, la *obiceiurile* lui *rele* sau la *priorităţile* lui *greşite*. Dumnezeu i-a spus: „Avraam, mă iubeşti, mă iubeşti chiar mai mult decât această mare bucurie a vieţii tale?" Dacă Îl urmezi pe Dumnezeu cu credinţă, s-ar putea ca Dumnezeu să te întrebe: „Îţi vei deschide mâinile şi îmi vei da ceea ce este cel mai important pentru tine?"

Credința te va determina să răspunzi. Poate vei spune: „Doamne, tot ce sunt este al Tău și de aceea tot ce am este al Tău. Le dăruiesc pentru Tine. Dumnezeu este prea bun pentru a fi lipsit de bunătate și prea înțelept pentru a greși. Credința *răspunde* și Tatăl *răsplătește*. El întotdeauna răsplătește dar nu o face întotdeauna imediat.

ISAAC
Patriarhul Șovăitor

Acum, să ne gândim la credința tânărului care a fost pus pe altar. Prin credință, Isaac s-a predat tatălui său *pământesc*. A trebuit însă să învețe să se predea și Tatălui său *ceresc*. A fost dificil pentru Isaac să facă acest lucru, în mod deosebit ca tată, pentru că avea planuri pentru cei doi fii ai săi-Iacov și Esau. În această relatare biblică, Isaac reprezintă credința *predată*. Iată ce citim despre credința *predată* a lui Isaac, atunci când ajunge la linia de sosire. Evrei 11:20 spune „Prin credință, a dat Isaac lui Iacov și Esau o binecuvântare, care avea în vedere lucrurile viitoare."

Studiind viața lui Isaac în cartea Genezei, înțelegem de ce poate fi numit „patriarhul șovăitor." Cu siguranță putem înțelege de ce este posibil ca Isaac să nu accepte să se bazeze în *totalitate* pe credința sa în Dumnezeu. Cu siguranță, știa ce înseamnă să fii predat pe deplin-să vezi cuțitul ridicat deasupra ta de tatăl tău, Avraam, să știi că acel cuțit va coborî și îți va lua viața. Când agonia s-a sfârșit, aproape că poți să îl auzi pe băiat spunând: *„Asta a fost aproape!"* Astfel, într-un fel, putem să înțelegem cum Isaac a fost șovăielnic în a se încrede în Dumnezeu ca *băiat,* dar, în cele din urmă, a devenit *un bărbat* care s-a împotrivit voii lui Dumnezeu de multe ori.

Dumnezeu i-a dat lui Isaac doi fii-Esau și Iacov și chiar de la început, Isaac l-a iubit pe Esau într-un mod deosebit. Esau era tot ceea ce Isaac își dorea de la un fiu și datorită acestei afecțiuni speciale, Isaac și-a revărsat toată atenția asupra lui Esau în dauna lui Iacov, pe care nu l-a înțeles niciodată.

Dumnezeu îi spusese deja lui Isaac: „Isaac, atunci când va veni vremea să oferi binecuvântările patriarhale fiilor tăi, nu trebuie să-i dai binecuvântarea întâiului tău născut, Esau. Trebuie să o dai celui de-al doilea fiu, Iacov." Isaac însă s-a împotrivit. S-a gândit că lucrul acesta nu se va întâmpla. Această împotrivire față de voia lui Dumnezeu, a adus în familia sa diviziune, stres și tot felul de dureri. Toate acestea datorită unui tată care se împotrivea voii lui Dumnezeu.

Trebuie totuși spus că, în cele din urmă, s-a predat în fața a ceea Dumnezeu a arătat, în mod clar, că este voia Lui. Isaac și-a pus mâinile peste fiul său Iacov și l-a binecuvântat chiar înainte ca acesta să plece de acasă.

"'Dumnezeul cel atotputernic să te binecuvânteze, să te facă să creşti şi să te înmulţeşti, ca să ajungi o ceată de noroade! Să-ţi dea binecuvântarea lui Avraam, ţie şi seminţei tale cu tine, ca să stăpâneşti ţara în care locuieşti ca străin, şi pe care a dat-o lui Avraam.'" (Geneza 28.3-4)

Isaac s-a supus, la final, planului lui Dumnezeu. L-a binecuvântat pe Iacov cu cuvintele unei rugăciuni şi cu mărturisirea credinţei lui.

Manifeşti şi tu un *duh ca cel al lui Isaac*? Există ceva ce ştii că Dumnezeu vrea să se întâmple în viaţa ta şi totuşi te împotriveşti acelei schimbări? Sau este ceva ce ştii că Dumnezeu ar vrea să opreşti şi te împotriveşti? Poate că lucrurile nu merg conform planului tău. Adânc în duhul tău ştii ce spune Cuvântul lui Dumnezeu şi îţi este clar ceea ce El doreşte. Poate că nu te lupţi cu *credinţa* ta. Poate te lupţi cu Dumnezeu.

IACOV
Şmecherul

În cele din urmă Isaac şi-a dat seama că cel mai valoros lucru pe care-l poate da fiului său este moştenirea şi promisiunea binecuvântării lui Dumnezeu şi a fost în stare să facă aceasta la linia de sosire, prin binecuvântarea lui Iacov. Și cât de mult avea să aibă nevoie Iacov de aceste binecuvântări de la tatăl său!

Dacă a existat vreodată un manipulator din naștere, acesta a fost Iacov. Nu e de mirare că lui Isaac i-a plăcut să petreacă mai mult timp cu Esau. Din momentul în care s-a născut, Iacov, a fost un om șmecher. De fapt, s-a născut ținându-l pe Esau de călcâi. Acesta este motivul pentru care a fost numit, Iacov, nume care înseamnă „cel ce ține de călcâi." Numele lui poartă ideea unei persoane care manipulează, un șmecher, iar Iacov a trăit la înălțimea numelui. După ce dădeai mâna cu Iacov, îți venea să-ți numeri degetele. A încercat chiar să obțină prin manipulare binecuvântarea lui Dumnezeu în viața lui, deși aceasta îi fusese deja promisă.

Când Iacov a plecat de acasă, a încercat să facă un târg cu Dumnezeu. El a spus: „Doamne, dacă mă binecuvântezi și ai grijă de mine în călătoria mea, îți voi da a zecea parte din tot ceea ce-mi dai. „Ce zici de înțelegerea aceasta, Doamne?"

Când Iacov a ajuns în țara tatălui și-a bunicului său pentru a-și căuta o soție, a trebuit să-și înghită propriul medicament. În noaptea nunții sale, cineva mai șmecher decât el însuși, l-a înșelat. În loc să trimită în cortul său pe Rahela, unchiul său, Laban, a trimis-o pe Lea. Apoi, Iacov, drept răzbunare, a petrecut următorii ani încercând să manipuleze circumstanțele împotriva lui Laban, care era acum socrul său. Chiar și atunci când Iacov a dorit, în cele din urmă să se întoarcă în țara sa, a știut că Esau, pe care-l înșelase cu ani în urmă, îl aștepta. Astfel, în timp ce se întorcea în țara lui, Iacov, și-a făcut planul său despre cum să-și împartă posesiunile. A trimis toate acele daruri lui Esau, într-un efort manipulator de a-și câștiga bunăvoința fratelui său.

Iacov avea un plan pentru a controla fiecare situație ce îi apărea în viață, dar toate acestea au ajuns la un final în noaptea dinainte de a-l întâlni pe Esau. În timp ce Iacov încerca să mediteze la modul în care lucrurile se vor desfășura ziua următoare, cineva din întuneric a pus mâna pe el și l-a aruncat la pământ. Acest străin s-a luptat cu Iacov și l-a scuturat ca pe o zdreanță. Iacov nu a mai simțit niciodată o strângere ca aceasta.

Cei doi s-au luptat toată noaptea și Iacov a ajuns să-și dea seama că acest om cu chip de Dumnezeu cu care se lupta era Domnul Dumnezeu Însuși. Șoldul lui Iacov a fost atât de tare rănit în luptă, încât nu mai putea sta în picioare. Tot ceea ce mai putea să facă era să se țină de călcâiul lui Dumnezeu și să-i ceară să-l binecuvânteze. În cele din urmă, Dumnezeu l-a rugat pe Iacov: „Lasă-mă să plec." Trântit în praf, Iacov a răspuns: „Nu te voi lăsa să pleci până când nu mă binecuvântezi." În cele din urmă, Iacov a înțeles. Cea mai mare nevoie a sa era să priceapă cât de mult avea nevoie de binecuvântarea lui Dumnezeu. Lucrul de care avea nevoie ziua următoare la întâlnirea cu Esau și lucrul de care va avea nevoie toată viața sa, era să depindă de Dumnezeu pentru a primi binecuvântarea.

Tot ceea ce plănuise Dumnezeu pentru viața lui Iacov, era să-l binecuvânteze, iar Dumnezeu l-a binecuvântat. I-a dat *un nume nou.* În noaptea aceea, Dumnezeu a schimbat numele lui din Iacov, însemnând șmecher, în *Israel,* care înseamnă „*cel ce se luptă cu Dumnezeu,*" însemnând, „*o persoană cu putere de la Dumnezeu.*" Dumnezeu i-a schimbat numele lui Iacov și i-a schimbat și umblarea. În acea noapte, Dumnezeu i-a dat lui Iacov *o nouă umblare* pentru că mușchii șoldului său au fost literal distruși. Pentru restul vieții, Iacov a umblat într-un mod care i-a reamintit lui și tuturor celor care-l vedeau că a avut o întâlnire cu Dumnezeu.

Veacurile nu au schimbat acest adevăr. Dacă o persoană se întâlnește cu Dumnezeu, cu adevărat, și îi cere să o binecuvânteze, nu va mai umbla niciodată ca mai înainte.

De la manipulator al oamenilor
la om al lui Dumnezeu.

Pentru restul vieții lui, Iacov, a umblat cu acel toiag, șchiopătând, ca un urmaș al lui Dumnezeu. În zilele care au urmat, Iacov a experimentat dureri și suferințe îngrozitoare, dar nu s-a mai luptat cu Dumnezeu niciodată. Nu a mai fost niciodată manipulatorul. Iacov devenise un adevărat urmaș al lui Dumnezeu. El s-a numit pe sine însuși, *un călător*, ceea ce înseamnă o persoană care se află „într-o călătorie a sufletului," adică o persoană care umblă cu Dumnezeu.

IOSIF
Prințul

Iacov a avut parte de o suferință incredibilă atunci când fiii săi i-au spus că Iosif fusese ucis de animale sălbatice și nimicit. De fapt, frații lui Iosif îl vânduseră pe acesta ca sclav. L-au înșelat pe tatăl lor, *„fostul înșelător."* Și timp de ani de zile, Iacov a plâns moartea fiului său preferat, Iosif.

Iosif a fost preferatul tatălui său și de aceea, era „blocat asupra propriei persoane." Stătea în fața fraților săi, lăudându-se cu haina pestriță pe care tatăl i-o dăduse doar lui, iar apoi împărtășea cu ei visele sale de măreție: „Hei, am avut un vis în care voi vă închinați înaintea mea." Lucrul acesta l-a făcut popular între frații săi! L-au urât. L-au urât atât de mult, încât l-au aruncat într-o groapă și au plănuit să îl omoare, dar unul dintre frați i-a convins pe ceilalți să îl vândă pe Iosif ismaeliților. Iosif a fost vândut în sclavie, legat și lăsat poticnindu-se în urma unei caravane care mergea spre Egipt.

În Egipt, Iosif a experimentat abuzuri teribile. Soția lui Potifar a încercat să-l abuzeze sexual, iar atunci când Iosif a fugit de ea, a mințit cu privire la cele întâmplate și Iosif a fost aruncat în temniță timp de 13 ani. În cele din urmă, într-un mod miraculos, a devenit tălmăcitorul viselor lui Faraon și, ca răsplată, Faraon l-a făcut pe Iosif prim-ministru al Egiptului.

După aceasta, cei unsprezece frați ai lui Iosif au venit în Egipt căutând mâncare. Ei au cauzat abuzul lui Iosif, durerea și necazurile lui. Aceasta era șansa lui Iosif de a se răzbuna pe cei care îl abuzaseră. Dar, în loc să caute răzbunare și să răspundă cu aceeași monedă, Iosif a ales să-i răsplătească cu bunătate.

Iosif a putut să facă acest lucru pentru că știa că Dumnezeu împlinește un plan pe care el nu îl înțelege. Iosif avea o „credință viitoare." Știa că Dumnezeu este în controlul acestor evenimente și că l-a trimis mai înainte pentru a fi Salvatorul poporului Său. În multe feluri, Iosif era întruchiparea *unei generații a harului*. Viața sa a fost plină de abuz, dar, L-a strigat pe Dumnezeu și a găsit mângâiere pentru inima sa. Prin harul lui Dumnezeu, a fost în stare să nu transmită abuzul mai departe. Iosif a primit puterea să spună: „Dumnezeu meu este mai mare decât abuzul meu. Voi transmite binecuvântarea."

Nebunia abuzului se poate opri la tine. Cu ajutorul lui Hristos, nu trebuie să transmiți niciunul dintre abuzurile pe care le-ai suferit. Dacă ai fost abuzat, fie că este vorba de abuz emoțional sau fizic, poți transmite o nouă moștenire—una a iubirii. Ce motiv minunat de a trăi! Nu spune: „Nu pot să nu rănesc oamenii. Și eu am fost rănit. Nu pot să nu fiu abuziv. Privește la viața mea!" Prieteni, nu mai priviți la abuz ci priviți altundeva.

Priviți la cruce și la ceea ce s-a petrecut acolo pentru voi.

Fără plată L-ai primit pe Hristos, dă mai departe fără plată. Nimeni nu te-a abuzat în același mod în care Isus Hristos a fost abuzat. Amintește-ți că păcatele tale L-au pus pe cruce și totuși ne-a iertat. Cum să nu îi iertăm și noi pe ceilalți?

Dacă prin harul lui Dumnezeu Îi îngădui să îți înfrângă mânia și dorința de răzbunare, s-ar putea ca într-o zi să experimentezi ceva similar darului pe care Iosif l-a dat tatălui său. Pentru că Iosif a ales să nu transmită abuzul său, tatăl său a avut bucuria de a descoperi nu numai că fiul său, Iosif, era viu, dar că devenise un prinț în Egipt. Cu restul familiei sale, Iacov a călătorit către Egipt pentru a-și întâlni fiul și a trăit restul zilelor sale acolo în Egipt.

La final, la linia de sosire, îl găsim pe Iacov plin de credință, doritor să îmbrățișeze planul lui Dumnezeu. Evrei 11:21 pune problema în felul următor: „Prin credință, Iacov, când a murit, a binecuvântat pe fiecare din fiii lui Iosif, și, ' s-a închinat, rezemat pe vârful toiagului său.'"

Biblia ne spune că atunci când Iacov s-a apropiat de clipa morții, și-a chemat fiul: „Iosif adu-mi pe cei doi fii ai tăi, Manase și Efraim!" Iosif l-a pus pe Manase în partea dreaptă a lui Iacov, astfel încât, Iacov să-și poată pune mâna binecuvântării asupra lui și l-a plasat pe Efraim la stânga lui Iacov, astfel încât tatăl său să pună acea mână peste el. Iacov însă cunoscând ceea ce Dumnezeu intenționa, și-a încrucișat mâinile în timp ce îi binecuvânta pe fiii lui Iosif.

Iosif a încercat să schimbe brațele tatălui său spunând: „Nu, tată. Nu așa. Acesta este cel mai în vârstă și acesta este cel mai tânăr."

Iacov a răspuns: „Știu ce fac, Iosif. Întâiul tău născut va fi un om mare, cu o mare credință și moștenire, dar binecuvântarea tatălui meu se va odihni asupra celui mai tânăr, Efraim." Exact așa cum fiul mai tânăr, Iacov, a primit binecuvântarea, acum, el transmitea planul și binecuvântarea lui Dumnezeu generației următoare. Da. Cel mai tânăr dintre cei doi fii avea să fie conducătorul, așa cum Dumnezeu a poruncit.

Biblia spune că atunci când Iacov a murit, s-a plecat în închinare sprijinindu-se pe toiagul său. Bătrânul nu mai putea să îngenuncheze, dar încă avea toiagul de pelerin la el. Iacov l-a înfipt în pământ şi s-a închinat deasupra vârfului toiagului înfipt. Iacov a ajuns la linia de sosire ca un pelerin care se închină. Nu este acesta modul în care vrei să ajungi la linia de sosire—un pelerin care se închină, pregătit pentru următoarea parte a călătoriei? Iacov şi-a dat ultima suflare şi Iosif a căzut pe pieptul său plângându-şi durerea. Plângea cu o durere plină de mulţumire, în timp ce Îl lăuda pe Dumnezeu pentru un tată al credinţei.

Iosif şi-a îngropat tatăl în mormântul familiei, în ţara lor. Şi-a îngropat tatăl alături de bunicul lui, Isaac şi străbunicul său Avraam, dar credinţa lor trăia în Iosif. Deşi Iosif trăia în Egipt, era omul unei credinţe statornice. Iosif trăia între păgâni care se închinau idolilor, într-o societate stăpânită de imoralitate, dar şi-a slujit Dumnezeul şi poporul. Când a ajuns la lina de sosire, Iosif, a dat familiei sale anumite instrucţiuni. Acestea sunt înregistrate în Evrei 11:22 şi în Geneza, capitolul 50. „Prin credinţă a pomenit Iosif, când i s-a apropiat sfârşitul, de ieşirea fiilor lui Israel din Egipt, şi a dat porunci cu privire la oasele sale."

„Iosif a zis fraților săi: 'Eu am să mor! Dar Dumnezeu vă va cerceta, și vă va face să vă suiți din țara aceasta în țara, pe care a jurat că o va da lui Avraam, lui Isaac și lui Iacov.' Iosif a pus pe fiii lui Israel să jure, zicând: 'Când vă va cerceta Dumnezeu, să luați și oasele mele de aici.'" (Geneza 50:24-25)

Iosif a spus: „Să nu mă lăsați aici, când plecați acasă. Să mă luați cu voi."

La vremea în care Iosif spunea aceste lucruri, niciun israelit nu trăia în țara promisă. Dar, știa ce promisese Dumnezeu. Nu conta dacă milioane erau deja acolo sau dacă nu era niciunul. Iosif știa unde merge poporul lui Dumnezeu, așa că le-a spus: „Când plecați să mă luați cu voi." 300 de ani mai târziu, când poporul lui Israel s-a mutat în țara promisă, au intrat cărând un sicriu care conținea oasele lui Iosif. Au plasat trupul lui Iosif în mormânt, alături de Avraam, Isaac și Iacov. Trupul lui ajunsese în cele din urmă în țara sa, dar inima sa era acolo, încă de la început.

Putem trăi o viață statornică, amintindu-ne că într-o zi vom părăsi acest loc și vom pleca acasă. Fie că vedem toate promisiunile împlinite, fie că nu, știm că mergem către un loc unde inima noastră a fost dintotdeauna—cu Dumnezeu.

În noaptea dinainte de moartea sa, Isus a spus:

„În casa Tatălui meu sunt multe locașuri. Dacă n-ar fi așa, v-aș fi spus. Eu mă duc să vă pregătesc un loc. Și după ce mă voi duce și vă voi pregăti un loc, Mă voi întoarce și vă voi lua cu Mine, ca acolo unde sunt eu, să fiți și voi." (Ioan 14:2-3)

Dacă vei uita toate celelalte lucruri din acest capitol, citește cu atenție aceste ultime cuvinte. Dumnezeu l-a cruțat pe Fiul lui Avraam, dar nu L-a cruțat pe propriul Său Fiu—Isus. L-a dat pe Isus pentru noi, toți. Acesta este motivul pentru care-L urmăm—pentru că ne-a iubit așa de mult.

„Fiindcă atât de mult a iubit Dumnezeu lumea, că a dat pe singurul Lui Fiu, pentru ca oricine crede în El , să nu piară, ci să aibă viață veșnică." (Ioan 3:16)

GHID C.E.A.R.

Citește:

- Citește Evrei 11:7-22 de câteva ori.
- Care crezi că este ideea principală pe care autorul dorește să o comunice?

Explorează:

1. Testul suprem al credinței lui Avraam a fost porunca lui Dumnezeu de a-și jertfi fiul, pe Isaac.
2. Ce fel de încredere avea Avraam în Dumnezeu, încredere care l-a condus la ascultare (17-19)?
3. Cum și-au demonstrat patriarhii, Isaac, Iacov și Iosif credința? (20-22)?

Aplică:

- Dacă te lupți cu Dumnezeu într-o încercare chiar acum, în ce fel te învață pilda lui Avraam să îi răspunzi lui Dumnezeu?

ROAGĂ-TE:

- Recunoaşte-l pe Dumnezeu şi închină-te Lui pentru caracterul Său şi pentru credincioşia cu care-şi ţine promisiunile.
- Laudă-L pe Dumnezeu pentru vrednicia Sa neîntrecută!
- Mărturiseşte-ţi păcatele în lumina vredniciei Sale glorioase, părăsind plăcerile trecătoare ale păcatului pentru mai mult din Dumnezeu.

6

DECIZII BAZATE PE CREDINȚĂ

„El socotea ocara lui Hristos ca o mai mare bogăție decât comorile Egiptului, pentru că avea ochii pironiți spre răsplătire."
(Evrei 11:26)

Într-o frumoasă dimineață de toamnă, cu mulți ani în urmă, un poet se plimba prin pădure. A fost atât de inspirat de culorile toamnei, încât, a simțit că trebuie să capteze experiența sub forma cuvintelor. Iată ce a scris:

> Două drumuri se despărțeau într-o pădure aurie.
> Îmi pare rău că nu le-am putut pe amîndouă urma.
> Și, pentru că eram singurul călător, am zăbovit
> Privind în lungul celui dintîi, cît mai departe.

Pînă acolo unde se pierdea sub pămînt.

Apoi am apucat-o pe al doilea, ce nu era mai prejos.
Și care poate era chiar mai îndreptățit să-l străbat.
Căci era acoperit cu iarbă și neumblat.
Deși, trecînd pe unul dintre ele,
Era de parcă le-aș fi străbătut pe amîndouă,

Iar în acea dimineață se întindeau la fel:
Iarba lor nu era bătătorită de pași.
L-am lăsat pe primul pentru o altă zi
Știind totuși că, pornind pe unul dintre ele,
Cu greu m-aș mai fi întors vreodată.

Așa voi povesti cu un suspin
Cîndva, peste ani și ani:
Două drumuri se despărțeau într-o pădure, iar eu
Am pornit-o pe cel mai puțin străbătut
Și asta mi-a schimbat viața.

„Drumul pe care n-am apucat," scris de Robert Frost este socotit unul dintre cele mai mari poeme ale literaturii americane. Este un poem care vorbește despre *decizii ale vieții bazate pe credință* și despre modul în care acele decizii schimbă totul cu privire la înaintarea noastră.

Toți cei care sunt urmași ai lui Dumnezeu înțeleg aceste decizii importante care schimbă viața. Viețile noastre sunt adeseori definite de fiecare decizie pe care o luăm și, uneori, de calea pe care *nu* mergem. Ca urmași ai lui Dumnezeu știm că deciziile noastre sunt, de fapt, decizii ale *credinței*. Pentru că sunt decizii al *credinței*, acestea sunt de cea mai mare importanță.

În timp ce vom continua să analizăm viețile unor urmași ai lui Dumnezeu care ne inspiră, să privim acum la Moise, al cărui exemplu reflectă ce înseamnă să trăiești o viață definită de drumul pe care *nu* ai apucat. Moise a trăit o viață călăuzită de *decizii bazate pe credință*. În doar șase versete ni se oferă un rezumat al vieții sale:

„Prin credință a fost Moise ascuns trei luni de părinții lui, când s-a născut: pentru că vedeau că era frumos copilul și nu s-au lăsat înspăimântați de porunca împăratului. Prin credință, Moise, când s-a făcut mare, n-a vrut să fie numit fiul fiicei lui Faraon, ci a vrut mai bine să sufere împreună cu poporul lui Dumnezeu decât să se bucure de plăcerile de o clipă ale păcatului. El socotea ocara lui Hristos ca o mai mare bogăție decât comorile Egiptului, pentru că avea ochii pironiți spre răsplătire. Prin credință a părăsit el Egiptul, fără să se teamă de mânia împăratului; pentru că a rămas neclintit, ca și cum ar fi văzut pe Cel ce este nevăzut. Prin credință a prăznuit el Paștele și a făcut stropirea sângelui, pentru ca Nimicitorul celor întâi născuți să nu se atingă de ei." (Evrei 11:23-28)

Există o expresie folosită uneori atunci când recunoaștem că ceva semnificativ s-a petrecut ca rezultat al unui eveniment minor. Ceva ce părea atât de nesemnificativ, a adus consecințe atât de semnificative. Oamenii se referă uneori la aceasta ca la o răsturnare a situației.

În urmă cu câțiva ani, am citit o zicere care a început în Europa și este veche de secole. De fapt, este atât de veche, încât nici nu mai știm când a fost folosită pentru prima dată cu scopul de a da învățătură tinerilor. Tema ei este importanța a ceea ce pare să fie o decizie nesemnificativă. Mesajul vorbește despre un fierar aflat într-un moment de neatenție. Iată ce spune această zicere:

> Din lipsa unui cui, potcoava a fost pierdută.
> Din lipsa unei potcoave, a fost pierdut.
> Din lipsa unui cal, călărețul a fost pierdut.
> Din lipsa călărețului, mesajul a fost pierdut.
> Din lipsa mesajului, bătălia a fost pierdută.
> Din lipsa bătăliei, împărăția a fost pierdută.

Și toate acestea, din lipsa unui cui la potcoavă.

În 1758, când coloniile americane erau în conflict cu Anglia, Benjamin Franklin a redat acest poem, într-un almanah, însoțit de cuvintele: „O mică nebăgare de seamă poate duce la un mare necaz."

Un singur cui lipsă a schimbat o împărăție. Bineînțeles, știm că acest poem este doar un instrument pentru învățare, dar știm, de asemenea, că acesta conține un mare adevăr. Lucruri foarte importante se pot întâmpla ca rezultat al unor detalii foarte nesemnificative. Știm, de asemenea, în calitate de credincioși, că nu trăim prin mila soartei. *Trăim prin credință.*

Creștinii trăiesc prin credință.

Pentru că trăim prin credință, recunoaștem că suntem oameni care au *viața veșnică*. Viața veșnică înseamnă mai mult decât a ajunge în cer. Viața veșnică este un lucru pe care credincioșii îl au *chiar acum* în Isus Hristos. Pentru că Isus Hristos trăiește în noi, am pășit deja în *viața veșnică*. Am început deja acea călătorie, iar aceasta conduce într-adevăr spre cer. Pentru că suntem o parte a *familiei veșnice* a lui Dumnezeu, deciziile pe care le luăm în viață, au consecințe eterne. Datorită acestui fapt, călătoria vieţii noastre trebuie să fie o călătorie a *deciziilor bazate pe credinţă.*

Dacă este un exemplu în Biblie al unei vieţi caracterizate de importanţa deciziilor bazate pe credinţă, acesta este exemplul lui Moise. Viaţa lui este o mărturie vie a credinţei şi a deciziilor care funcţionează împreună. Moise poseda o credinţă sinceră şi mari hotărâri au rezultat din credinţa sa. Din acest motiv, credinţa şi acţiunea se împletesc atât de bine în viaţa sa. În Evrei 11:23, autorul scrie: „Prin credinţă a fost ascuns Moise," iar în versetul 24 citim: „(...) Moise n-a vrut." Versetul 25 spune „Prin credinţă, Moise a vrut." Versetul 27: „Prin credinţă a părăsit el." Versetul 28, „Prin credinţă a prăznuit el Paştele..."

„**Prin credinţă a fost ascuns Moise** trei luni de părinţii lui, când s-a născut: pentru că vedeau că era frumos copilul, şi nu s-au lăsat înspăimântaţi de porunca împăratului. **Prin credinţă, Moise**, când s-a făcut mare, **n-a vrut** să fie numit fiul fiicei lui Faraon, ci **a vrut** mai bine să sufere împreună cu poporul lui Dumnezeu decât să se bucure de plăcerile de o clipă ale păcatului. El socotea ocara lui Hristos ca o mai mare bogăţie decât comorile Egiptului, pentru că avea ochii pironiţi spre

răsplătire. **Prin credință a părăsit el Egiptul**, fără să se teamă de mânia împăratului; pentru că a rămas neclintit, ca și cum ar fi văzut pe Cel ce este nevăzut. **Prin credință a prăznuit el Paștele** și a făcut stropirea sângelui, pentru ca Nimicitorul celor întâi născuți să nu se atingă de ei."
(Evrei 11:23-28)

Primii optzeci de ani ai vieții lui Moise sunt acoperiți de aceste versete și aceste puține cuvinte descriu puterea care a călăuzit viața lui pentru următorii patruzeci de ani.

Moise a trăit o sută douăzeci de ani. A petrecut patruzeci de ani în Egipt, patruzeci de ani în țara lui Madian și patruzeci de ani conducând poporul lui Israel către țara promisă. Observați, însă că acești optzeci de ani pe care i-a trăit au fost definiți de *decizii ale credinței*. *Viziunea noastră* (modul în care vedem viața) și *credința noastră* (ceea ce considerăm a fi important) determină *valorile noastre*. Valorile noastre determină *deciziile noastre*.

Lucrul acesta este atât de evident în ce-l privește pe Moise și părinții săi. Vedeau lucruri pe care alți oameni nu le vedeau. Pentru că au văzut lucruri pe care alți oameni nu le vedeau, au prețuit lucruri pe care alți oameni nu le prețuiau. Moise și părinții săi vedeau viața într-un mod în care mulți alți oameni nu o vedeau și, de aceea, luau hotărâri pe care alți oameni nu le luau. Aveau un set diferit de valori. Faraon a spus: „Vreau să vă omor întâii născuți," dar părinții lui Moise au spus nu. Pentru că au știut cum să spună nu, nu a fost nevoie să îl învețe și pe Moise să o facă. A învățat acest lucru privind la ei.

Ca urmași ai lui Dumnezeu, călătoria vieții noastre este suma totală a credinței, valorilor și deciziilor noastre. Viziunea evlavioasă a lui Moise a condus la valorile sale evlavioase, iar aceasta a produs decizii evlavioase care au schimbat viețile multor oameni. Acest lucru a început înainte ca Moise să se nască, cu Amram și Iochebed. S-ar putea să pui: „Am, cine? Și Ioche, cine?" Amram și Iochebed erau părinții lui Moise. Ei au văzut ceea ce alții nu au văzut și au prețuit ceea ce alții nu au prețuit, iar aceasta a adus o diferență extraordinară.

> „Prin credință a fost Moise ascuns trei luni de părinții lui, când s-a născut: pentru că **vedeau** că era frumos copilul, și nu s-au lăsat înspăimântați de porunca împăratului."
> (Evrei 11:23)

Observați faptul că ei „vedeau." Aceasta este vederea credinței lor. Amram și Iochebed și-au văzut copilul prin ochii credinței. Au privit la copilul lor în calitate de *credincioși* și au văzut că era un copil frumos. Aceasta nu înseamnă că aceștia credeau că Moise este cel mai drăguț copil din lume. Probabil că Moise nu era la fel de frumos precum copilul de pe reclamele Gerber. Nu acesta este lucrul pe care Scriptura îl transmite aici. Amram și Iochebed au văzut că Moise avea *valoare*. Era un copil frumos. Era creația lui Dumnezeu. Astfel, ei l-au văzut prin credință. L-au *prețuit* și, pentru că l-au *prețuit*, au luat hotărârea de a-l ascunde. Nu aveau de gând să cedeze în fața poruncii împăratului.

Acești părinți au ajuns în punctul în care nu puteau să își păstreze credința *și*, în același timp, să se supună lui Faraon, astfel că au luat o hotărâre bazată pe credința și pe valorile lor. Amram și Iochebed *au luat hotărârea* de a fi nesupuși din punct de vedere civic. Moise a fost binecuvântat cu părinți care au pus pe primul loc credința lor în Dumnezeu.

Să observăm modul în care se aplică acest principiu. Motivul pentru care, de-a lungul veacurilor, copiii lui Dumnezeu au prețuit viețile copiilor aflați în situații de risc a fost că ei au privit la acești copii prin ochii credinței. Ei îi văd ca având o valoarea atribuită de Dumnezeu și, datorită acestui fapt, ei iau hotărâri cu privire la îngrijirea lor, bazate de credința și pe sistemul lor de valori.

De pildă, creștinii au un sistem de valori care îi inspiră să pună întrebări ca aceasta: Cum putem să slujim cât mai eficient familiile și oamenii din vecinătatea clădirii bisericii noastre—Ierusalimul nostru? Copiii în situații de risc și familiile lor sunt încercați de lucruri precum sărăcia, pierderea locului de muncă și o dinamică nesănătoasă a familiei.

La Westpark, în biserica pe care o păstoresc, am ajuns să abordăm aceste situații în moduri noi și unice. Am demarat un parteneriat cu Clubul Băieților și cu Clubul Fetelor, astfel că avem 150 de băieți și fete pe campusul bisericii noastre, după finalizarea orelor de curs. Aceștia sunt mentorați și ajutați să își facă temele, dar, în același timp, sunt expuși mesajului despre Hristos. Biserica noastră a demarat o lucrare dedicată copiilor cu dizabilități și părinților acestora, intitulată *Afterstars*. Lucrări ca aceasta și multe altele au fost inițiate pentru că prețuim viețile tuturor copiilor.

În calitate de creștini, inimile noastre trebuie să bată și pentru comunitățile noastre, în mod deosebit pentru acei părinți singuri care își cresc copiii. Este nevoie ca biserica noastră să îi sprijinească în moduri speciale, moduri în care nicio organizație nu îi ajută la ora actuală. Aceasta este expresia unui sistem de valori bazat pe credință. Copiii lui Dumnezeu întotdeauna au prețuit *copiii Lui*.

Este greu să citești istoria părinților lui Moise și hotărârea credinței lor de a face tot ce le stă în putință pentru a păstra copilul în viață fără să ne gândim la nenumărații copii care mor zilnic din cauza avortului care este legalizat. Trebuie să ne rugăm și să îi cerem lui Dumnezeu să lucreze cu putere în țara și în lumea noastră, ajutându-și poporul să pună preț pe siguranța copiilor.

Aceasta nu este o *chestiune politică*. Este o chestiune care ține de valoarea intrinsecă a vieții. Este o chestiune atât de semnificativă în inima Dumnezeului nostru iubitor. Trebuie să slujim copiilor Săi, copiilor noștri și să oferim sprijin acelor femei care au responsabilitatea creșterii lor. Trebuie să hrănim viziunea pe care o aveau părinții lui Moise și trebuie să o hrănim în noi înșine. Trebuie să protejăm viețile copiilor care sunt în situații de risc. Copiii lui Dumnezeu trebuie să vegheze cu devotament asupra lor.

Prin harul lui Dumnezeu, nu doar viața lui Moise a fost păstrată, dar și *identitatea* lui. În Evrei 11:24-26, putem observa caracterul lui Moise. Moise știa cine era. Deși era fiul adoptat al fiicei lui Faraon, Moise știa cine era în credința sa și, când a ajuns la vârsta maturității, a luat hotărâri bazate pe identitatea sa. În mod deliberat, Moise și-a păstrat identitatea.

Toate hotărârile lui Moise au de-a face cu drumul pe care nu l-a ales. El refuză să se lase satisfăcut de un statut social temporar. Timp de ani de zile a avut statutul unui prinț al Egiptului, fiul fiicei lui faraon, dar observați Evrei

11:24: „Prin credință Moise, când s-a făcut mare n-a vrut să fie numit fiul fiicei lui Faraon..." Moise a refuzat un statut social privilegiat. Este dificil pentru noi să ne dăm exact seama ce au însemnat toate acestea. Moise avea o putere și un prestigiu enorm. Bogățiile, puterea și bunăstarea care însoțeau o asemenea viață erau uimitoare. Era parte a familiei lui Faraon, cea mai puternică familie de pe fața pământului. Cu toate acestea, atunci când Moise a devenit mare și și-a descoperit adevărata identitate, a refuzat să mai fie numit fiul fiicei lui faraon.

Fără îndoială, oamenii acelor zile au socotit că este vorba despre o pierdere. „Moise, alegi să te identifici cu sclavii? Ești gata să pui deoparte întregul tău prestigiu pentru acest lucru? Ești absolut sigur că vrei să faci acest lucru?" Nu înțelegeau. Moise avea un sistem de valori prin care vedea ceea ce alți oameni nu vedeau și prețuia ceea ce alți oameni nu puteau prețui. Moise s-a asemănat mult cu un bărbat care a trăit în urmă cu patru sute de ani— Justinian von Welz.

Justinian von Welz era din Austria. Era un conte incredibil de bogat. A trăit primii treizeci de ani ai vieții sale doar pentru el. A trăit o viață în care și-a folosit bogăția pentru satisfacerea dorințelor carnale. Atunci când a avut treizeci de ani, însă, s-a întors cu toată inima la Domnul Isus Hristos. S-a încrezut în Hristos și datorită acestei schimbări, a simțit o povară pentru oamenii care nu auziseră *niciodată* despre Isus. Astfel, a renunțat la toate titlurile lui, a împărțit *toată* bogăția lui și a călătorit în Africa pentru a fi un misionar.

Se cunosc foarte puține lucruri despre lucrarea sa acolo, cu excepția faptului că a contractat o boală tropicală și a murit la puțin timp după ce a ajuns pe acel continent. Oamenii i-au spus că este un nebun. Aceștia îi spuneau: „Justinian, îți risipești viața! Cum poți să faci așa ceva? " Înainte de a naviga către Africa, iată ce a scris acest bărbat al credinței:

> Ce însemnătate are pentru mine că sunt de viță nobilă, când eu sunt născut din nou pentru Hristos? Ce importanță are pentru mine titlul de „Domn," când singurul lucru pe care-l doresc este să fiu slujitorul lui Isus? La ce-mi folosește că sunt numit „îndurate stăpân," când am nevoie de îndurarea lui Dumnezeu? Toate aceste deșertăciuni le voi arunca și tot ceea ce am voi pune la picioarele Domnului meu drag, Isus.

Justinian a putut să vadă ceea ce alții nu puteau să vadă. A prețuit ceea ce alții nu prețuiau și a luat hotărâri pe care urmașii lui Dumnezeu le iau. Moise a făcut la fel. Moise a refuzat un statut temporar. El nu a permis ca viața lui să fie satisfăcută cu plăceri temporare. Evrei 11:25 spune „...ci a vrut mai bine să sufere împreună cu poporul lui Dumnezeu decât să se bucure de plăcerile de o clipă ale păcatului."

Unii oameni îți vor spune că Biblia afirmă că nu există plăcere sau distracție în păcat. Acest lucru este total neadevărat. Biblia nu spune că în păcat nu există plăcere. Biblia spune însă că plăcerea păcatului este *doar de o clipă*. Plăcerile păcatului nu durează. Ele nu satisfac pe termen lung. Ele nu pot umple inima unei persoane. De fapt, păcatul hrănește doar mai mult și mai mult lăcomia și creează o inimă tot mai *dependentă* ce nu poate fi satisfăcută.

Moise, a spus *nu* acestor plăceri temporare. Trăia într-un palat. Avea tot ce-și dorea. Trăia într-o societate condusă de păgânism și imoralitate. Niciun lucru nu i-a fost oprit lui Moise vreodată, dar atitudinea lui era: eu nu caut o plăcere temporară. Eu caut plăcerea care este veșnică. Îmi doresc mai degrabă să fiu asuprit cu poporul lui Dumnezeu decât să mă bucur de aceste plăceri temporare pe care le oferă lumea.

Aceasta nu înseamnă că viața lui Moise era alimentată de ură față de sine. Acest pasaj nu ne spune că, în calitate de credincioși trebuie să ne pedepsim sau să ne negăm pe noi înșine sau că niciodată nu ne vom bucura de viață. Dumnezeu ne spune *să căutăm bucuria*. Dumnezeu ne spune *să trăim* pentru plăcere. David a exprimat această dorință pentru plăcere supremă în Psalmul 16:11:

> „Îmi vei arăta cărarea vieții, înaintea Feței Tale sunt bucurii nespuse, și desfătări veșnice în dreapta Ta."

În Filipeni 4:4 citim: „Bucurați-vă totdeauna în Domnul! Iarăși zic: Bucurați-vă!" Da, Dumnezeu dorește să trăim pentru plăcere, dar își dorește ca acele plăceri *să aibă sursa în El*. Nu nimicurile pe care această lume le oferă. Moise a înțeles acest lucru. Dumnezeu era bucuria lui.

Îmi place ceea ce autorul creștin C. S. Lewis scria în lucrarea sa, *Greutatea Slavei,* inspirată din 2 Corinteni:

> Se pare că Domnul nostru găsește dorințele noastre nu prea puternice, ci prea slabe. Suntem creaturi cu inima împărțită. Ne jucăm cu băutură, sex și ambiții, când ni se oferă o bucurie infinită. Ca un copil prostuț, vrem să facem în continuare plăcinte de noroi într-o baltă, pentru că nu ne putem imagina ce semnificație are oferta de a ne petrece vacanța la mare. Ne mulțumim mult prea ușor.

Moise nu a fost mulțumit cu ușurință. El nu a fost împlinit de ceea ce oferea lumea aceasta. El avea valori ale credinței. Ceea ce conta pentru el era etern, adică provenea de la Dumnezeu. Din cauza acestui fapt, Moise a ales drumul „mai puțin bătătorit." A refuzat să fie satisfăcut cu *un statut temporar*. A refuzat să fie satisfăcut cu plăceri temporare. A refuzat să fie mulțumit cu comori temporare. Evrei 11:26 prezintă modul de gândire al lui Moise. „El socotea ocara lui Hristos ca o mai mare bogăție decât comorile Egiptului, pentru că avea ochii pironiți spre răsplătire."

Moise și-a evaluat cu atenție viața și ceea ce însemna identificarea cu israeliții, poporul său, și cu Dumnezeul său și *a luat hotărâre*. A ales ceva care pentru el era mai prețios decât toate comorile Egiptului. Care a fost alegerea? A fost „ocara lui Hristos." El a socotit *ocara lui Hristos* mai prețioasă decât toate comorile Egiptului.

Ne întrebăm „cum a putut Moise prețui ocara lui Hristos când a trăit cu 1400 de ani înainte de Hristos?" Ce înseamnă că a socotit *ocara lui Hristos* mai de preț decât toată bogăția Egiptului? Cuvântul *Hristos* înseamnă *Mesia*. Înseamnă *Cel promis* sau *Unsul*. Evrei 11 are de-a face cu oameni care au crezut în acea promisiune. Eliberatorul vine. Cel Promis vine. Este o promisiune a credinței, a eliberării și a salvării, iar Moise a crezut în acea promisiune a lui Dumnezeu. El a crezut că Unsul vine și a spus: „Vreau mai degrabă să-mi trăiesc viața cu poporul lui Dumnezeu și să accept ocara care mă va însoți decât să am toate comorile Egiptului." Wow!

Imaginați-vă ce trebuie să-i fi spus oamenii. „Te muți din acel palat și unde vei locui, Moise? Lași în urmă camerele pline cu bijuterii și aur? Lași în urmă titlurile și coroana ta? Le lași în urmă pe toate ca să mergi unde? Moise, îți risipești viața. Lași toate acestea ca să te identifici cu niște sclavi? Întregul tău sistem de valori este pe dos!!!"

Avem aici întrebarea care contează cel mai mult. De unde știm dacă sistemul nostru de valori este cu susul în jos sau dacă este poziționat corect. Singurul mod în care poți să-ți dai seama de acest lucru cu siguranță este testul *timpului*.

Părea că Moise ia o hotărâre proastă. Dar cât de proastă a părut hotărârea aceasta în doar câțiva ani? Cât de proastă a părut de cealaltă parte a Mării Roșii, când carele lui Faraon erau înghițite de valuri?

S-ar putea ca oamenilor să li se pară o nebunie faptul că un creștin alege să *nu* pună mâna pe tot ceea ce lumea are de oferit. „Ar fi o prostie să iei o astfel de hotărâre. Ar fi o prostie să dai atât de mulți bani. Ar fi o prostie să petreci tot acel timp citind acel lucru, făcând asta, venind aici, fără să te duci dincolo. Nu. Nu are sens. Nu vrei sănțelegi că nu trăiești decât o singură dată. Trebuie să apuci viața și să te bucuri de ea cât mai poți.

Acesta este lucrul pe care-l auzim *acum*, dar ce vor însemna toate acestea în o mie de ani de acum? Care este hotărârea pentru care vei fi mulțumitor atunci? Ce va părea corect și ce va părea greșit în o mie de ani?

Poate că spui: „O mie de ani?! Nici măcar nu mă pot gândi la asta!"

Vezi, trebuie să ne gândim la aceasta. Eu și cu tine vom fi vii peste o mie de ani. Peste o mie de ani vom fi în cer sau în iad. Existența noastră nu va înceta niciodată. Trebuie să ne scoatem din mintea noastră înșelăciunea că aceasta este totul. Prietene, aceasta nu este totul. Aceasta este doar o frântură mică de timp. Prin harul lui Dumnezeu ni se îngăduie să alegem modul în care investim timpul nostru.

Ce ne împuternicește să luăm hotărâri corecte cu privire la investirea timpului nostru? Ce ne ajută să păstrăm un sistem corect de valori? Totul are de-a face cu ceea ce vedem. Moise L-a văzut pe Cel ce este nevăzut. Priviți la Evrei 11:27: „Prin credință a părăsit, el, Egiptul, fără să se teamă de mânia împăratului; pentru că a rămas neclintit, ca și cum ar fi văzut pe Cel ce este nevăzut."

Trebuie să înțelegem că expresia *„a rămas neclintit"* înseamnă 40 de ani. Moise a petrecut 40 de ani îngrijind oile. 40 de ani în pustie. 40 de ani departe de Egipt. Și ce crezi? Nu s-a temut nicio clipă de împăratul Egiptului. Moise nu era motivat de teama față de un rege pământesc. Motivația lui era vrednicia *Regelui Ceresc*. L-a văzut pe cel ce este nevăzut.

Unii dintre noi am ajuns deprimați pentru că nu putem trăi nicio zi, fără să ne gândim la alegeri. Unii dintre noi nu putem să ne depășim mânia pentru că nu vrem să privim dincolo de Washington DC sau capitala statului nostru. Frați și surori, vă încurajez să priviți în sus! Priviți la Regele nostru ceresc! El este în control. Într-o zi, vei fi împreună cu El, poate chiar curând. Nu vă temeți de mânia vreunei stăpâniri umane, atunci când viețile voastre sunt în siguranță în mâna Dumnezeului Atotputernic. Da, fii un bun cetățean. Fii credincios. Fii preocupat. Nu trăi însă în teamă și mânie. Privește la Cel ce este nevăzut.

Cum am putea mărturisi ca oameni deprimați? Cum pot oamenii deprimați și mânioși să câștige lumea aceasta pentru Isus Hristos? Dacă am fost cuprinși și noi de aceeași nebunie ca toți ceilalți, cine are nevoie de așa ceva? Atunci când privim în sus însă, iar bucuria și valoarea vieților noastre sunt ancorate în Cel ce este veșnic, putem să împărtășim cu putere mesajul iubirii lui Hristos. Oamenii ne vor asculta atunci când ochii noștri vor fi ațintiți asupra Lui. A avea credință înseamnă că îl *vedem* pe Domnul. El este ținta noastră.

Într-acolo privea Moise—la Hristos. El s-a întors din pustie mai bogat decât atunci când plecase pentru că acum avea o viziune cerească. *Fusese cu Dumnezeu.* A experimentat o întâlnire personală cu Dumnezeu la Rugul Aprins și s-a întors cu o misiune cerească. Știa că viața sa are semnificație și se întorcea în țară cu o misiune și un mesaj ceresc, acela de a scoate poporul din robie, de a-i elibera și de a le oferi mântuirea. Copiii lui Israel nu erau doar sclavi care aveau nevoie de *libertate fizică*; ei erau și sclavi spirituali care aveau nevoie de *libertate spirituală*.

Evrei 11:28 spune: „Prin credință a prăznuit el Paștele și a făcut stropirea sângelui, pentru ca Nimicitorul celor întâi născuți să nu se atingă de ei." Intră într-o mașină a timpului. Ești un călător în timp care străbate cu repeziciune veacurile. Ajungi în noaptea primelor Paște, în Egipt, iar oamenii îți urează bun venit. Te aduc în capitală și îți spun: „Bine ai venit! Acest palat este al tău în întregime. Poți locui aici în locul lui Faraon, chiar din această noapte."

Privești peste umăr și vezi mii de colibe sărăcăcioase și șubrede. Pe fiecare ușă este o dungă roșie. Acum, călător în timp, din moment ce poți privi retrospectiv, care casă o vei alege? Palatul lui Faraon sau o colibă micuță? Nu există nicio îndoială. Vei merge înspre una dintre aceste colibe și vei spune familiei de acolo: „Nu vă supărați, puteți să mai faceți un pic de loc?"

Vei trece înăuntru, de cealaltă parte a *acelei* uși. Te vei plasa sub *acel* sânge și vei spune: „Se poate să am și eu o bucată din acel miel?" Toate acestea pentru că *tu știi* ce urmează să se întâmple.

Prietenii mei, noi știm ce urmează să se întâmple. Lumea aceasta va trece. Judecata vine. Cu toții va trebui să stăm în fața scaunului de judecată. Cu toții va trebui să dăm socoteală de viețile noastre. Cu toții trebuie să murim și să trecem din lumea aceasta în următoarea. Tuturor le este rânduit să moară o singură dată și, după aceea, vine judecata.

> Și după cum oamenilor le este rânduit să moară o singură dată, iar după aceea vine judecata, tot așa, Hristos, după ce S-a adus jertfă o singură dată, ca să poarte păcatele multora, se va arăta a doua oară, nu în vederea păcatului, ca să aducă mântuirea celor ce-L așteaptă. (Evrei 9:27-28)

Cunoaștem aceste lucruri. Acum, pentru ce vom alege să trăim?

În ziua judecății, sistemul nostru de valori va deveni foarte clar, dar ar trebui să fie clar chiar acum. În calitate de creștini, ar trebui să Îl vedem pe Acela care și-a dat pe Singurul Fiu, Isus, care, la rândul Lui, și-a vărsat sângele scump pentru a ne curăți de păcatele noastre. Ar trebui să îl vedem pe Acela care ne-a salvat de nimicitor și ne-a dat viață veșnică, iar apoi să hotărâm cu privire la valorile noastre--să Îl urmăm pe El.

Să rescriem ultima strofă din poemul lui Robert Frost, „Calea pe care nu am apucat," redată la începutul acestui capitol:

> Așa voi povesti cu un **ZÂMBET**
> Cîndva, peste ani și ani:
> Două drumuri se despărțeau **ÎN ACEASTĂ LUME**,
> iar eu
> Am pornit-o pe cel mai puțin străbătut
> Și asta mi-a schimbat viața.

Imaginează-ți tot ce poate oferi lumea aceasta. Imaginează-ți toate lucrurile acestea puse pe o cumpănă. Tot ce Satan îți poate oferi este așezat pe unul dintre talere. De cealaltă parte pășește un singur om. Numele lui este Isus. În mintea ta, cum evaluezi situația? Care parte cântărește mai greu, lumea sau Isus?

Cea mai înțeleaptă viață se trăiește înapoi. Începe cu finalul. Începe cu clipa morții și apoi pornește înapoi de acolo. Încă nu ai ajuns acolo și nu știu cât mai ai de mers, dar poți să hotărăști azi: „Știu că vine ziua, iar când voi ajunge acolo, doresc să ajung acolo cu credința viitoare.

Fără regrete din trecut. " Dacă trăiești *astăzi* pentru *acea zi*, vei trăi o viață care contează.

Credința aceasta care privește la viață prin lentila judecății sigure este personalizată în versetele finale ale acestui pasaj din Evrei:

> Prin credință au trecut ei Marea Roșie ca pe uscat, pe când egiptenii, care au încercat să o treacă, au fost înghițiți. Prin credință au căzut zidurile Ierihonului, după ce au fost ocolite șapte zile. Prin credință n-a pierit curva Rahav împreună cu cei răzvrătiți, pentru că găzduise iscoadele cu bunăvoință. (Evrei 11:29-31)

Un oraș a fost dat în mâna copiilor lui Dumnezeu. Ierihonul era orașul cel mai fortificat din lume, la acea vreme. Acesta stătea între poporul lui Dumneze și viața abundentă. Dumnezeu a cerut poporului Său să umble în jurul cetății șase zile consecutiv, iar apoi de șapte ori în a șaptea zi. Iată această cetate incredibil de puternică, iar Dumnezeu spune: „Vreau să umblați în jurul ei în credință și să Îmi lăudați Numele, iar Eu o voi dărâma." Poporul lui Dumnezeu a strigat. Au sunat din trâmbițe și cetatea a fost zguduită de Dumnezeu.

Rahav, prostituata, și familia ei au fost salvați. Rahav nu a fost salvată pentru că avea o inimă bună. Rahav nu era un fel de femeie care a fost îndrumată pe o cale greșită. Ea trăise o viață greșită, la fel ca noi toți. Ea nu a fost salvată pentru că a inventat o minciună eficientă cu privire la spionii evrei. Ea a fost mântuită pentru că a avut credință într-un Dumnezeu bun. Ea a fost o femeie a credinței și datorită acestui fapt, a fost salvată de la nimicirea care a lovit tot ceea ce era în jurul ei. Din pricina credinței ei, viața i-a fost schimbată.

Credința lui Rahav a schimbat moștenirea pe care a lăsat-o. Ea s-a căsătorit cu un evreu numit Salmon. Ei au avut un fiu numit Boaz, un nepot numit Obed, un strănepot numit Iese și un stră-strănepot numit David. Iar peste 27 de generații, dintr-unul dintre urmașii lui Rahav, S-a născut Isus Hristos, Fiul lui Dumnezeu.

Da, credința schimbă totul. Credința este abilitatea de a-L vedea pe Acela care este *nevăzut*, de *neprețuit* și de a hotărî cu bucurie: „Îi predau totul."

GHID C.E.A.R.

CITEȘTE:

- Citește Evrei 11:23-31 de câteva ori.
- Care crezi că este ideea principală pe care autorul dorește să o comunice?

EXPLOREAZĂ:

1. În ce fel au manifestat părinții lui Moise credință?
2. Cum a manifestat Moise credință în decizia de a rămâne în Egipt?
3. Ce cunoștea Rahav despre Dumnezeu (citește Iosua 2:9-11)? Ce a determinat-o cunoștința ei despre Dumnezeu să facă? Care a fost răspunsul lui Dumnezeu?

APLICĂ:

- Ce ai învățat din istorisirea lui Moise depsre valoarea lui Dumnezeu? Îl vezi pe Dumnezeu ca fiind prețios? În cel fel este El mai de dorit decât „plăcerile de o clipă ale păcatului"?

- În ce fel te încurajează și ce te învață relatarea despre Rahav?

ROAGĂ-TE:

- Cere Duhului Sfânt să te ajute să te maturizezi în credință, astfel încât să poți experimenta tot mai mult din răsplata părtășiei cu Dumnezeu.

7

ISTORISIRILE SLAVEI

„Și ce voi mai zice? Căci nu mi-ar ajunge vremea, dacă aș vrea să vorbesc de Ghedeon, de Barac, de Samson, de Ieftaie, de David, de Samuel și de prooroci! Prin credință au cucerit ei împărății, au făcut dreptate, au căpătat făgăduințe, au astupat gurile leilor..." (Evrei 11:32-33)

În timp ce suntem cercetați de acești mari oameni ai credinței din Evrei 11, este important să înțelegem că aceste istorisiri ale credinței sunt de fapt istorisiri ale slavei lui Dumnezeu.

Când copiii lui Israel părăseau robia Egiptului și își începeau călătoria către Țara Promisă, Biblia ne spune că

Dumnezeu i-a condus afară din Egipt printr-un nor măreț de foc. Înaintea lor mergea prezența lui Dumnezeu sub forma unui nor al *slavei*. Atunci când israeliții mergeau în timpul zilei, norul slavei lui Dumnezeu le aducea umbră, iar în timp ce mergeau noaptea, norul slavei le lumina cărarea. Au fost vremuri în care israeliții mergeau în lumina slavei lui Dumnezeu și vremuri când mergeau în umbra pe care o arunca norul slavei.

În același mod, în calitate de urmași ai lui Dumnezeu azi, vor fi vremuri când Îl urmăm pe Dumnezeu prin credință și ne delectăm în lumina victoriilor Lui. Vor veni însă și vremuri în care Îl vom urma pe Dumnezeu prin credință și vom umbla în umbra și întunericul suferinței. Ambele experiențe sunt descrise în următorul text:

> Și ce voi mai zice? Căci nu mi-ar ajunge vremea, dacă aș vrea să vorbesc de Ghedeon, de Barac, de Samson, de Ieftaie, de David, de Samuel și de prooroci! Prin credință au cucerit ei împărății, au făcut dreptate, au căpătat făgăduințe, au astupat gurile leilor, au stins puterea focului, au scăpat de ascuțișul sabiei, s-au vindecat de boli, au fost viteji în războaie, au pus pe fugă oștirile vrăjmașe. Femeile și-au primit pe morții lor înapoi înviați; unii ca să dobândească o înviere mai bună, n-au vrut să

primească izbăvirea care li se dădea și au fost chinuiți. Alții au suferit batjocuri, bătăi, lanțuri și închisoare; au fost uciși cu pietre, tăiați în două cu fierăstrăul, chinuiți; au murit uciși de sabie, au pribegit îmbrăcați cu cojoace și în piei de capre, lipsiți de toate, prigoniți, munciți —ei de care lumea nu era vrednică—au rătăcit prin pustiuri, prin munți, prin peșteri și prin crăpăturile pământului. Toți aceștia, măcar că au fost lăudați pentru credința lor, totuși n-au primit ce le fusese făgăduit; pentru că Dumnezeu avea în vedere ceva mai bun pentru noi, ca să n-ajungă ei la desăvârșire fără noi. (Evrei 11:32-40)

VICTORII

În aceste versete citim despre modul în care Dumnezeu Și-a arătat slava prin faptul că a oferit *victorii* oamenilor Săi, prin acțiuni extraordinare pe care aceștia le-au înfăptuit.

Când citim lista acestor urmași ai lui Dumnezeu care au experimentat astfel de victorii în viața lor, devine evident că erau oameni obișnuiți. Erau oameni obișnuiți, radical diferiți unul față de celălalt în experiența și personalitatea lor. Nu ai pune niciodată numele acestor bărbați și femei pe lista ta cu „cei mai plauzibili eroi ai credinței."

Toți aceștia însă împărtășesc o trăsătură comună, iar această calificare care îi unește este credința. Aceștia nu erau oameni *perfecți*. De fapt, pe măsură ce citești istorisirile lor, îți dai seama tot mai mult că mulți dintre ei erau chiar foarte *departe* de perfecțiune. Nici credința lor nu a fost perfectă. Credința lor însă a avut un obiect perfect, iar acesta era Dumnezeul *perfect*.

Să privim din nou la această listă cu urmași imperfecți ai lui Dumnezeu. Cred că vom fi încurajați tocmai de imperfecțiunile lor, pe măsură ce aceștia experimentează manifestarea slavei lui Dumnezeu, prin victoriile mărețe pe care El le câștigă prin ei.

GHEDEON
Fermierul temător

Fermierul Ghedeon își vedea de treburi, încercând să ascundă grânele, atunci când îngerul lui Dumnezeu l-a găsit și l-a chemat la conducere: „Îngerul Domnului i s-a arătat și i-a zis: 'Domnul este cu tine, viteazule!'" (Judecători 6:12).

Cu siguranță, Ghedeon tremura în timp ce a răspuns: „Cine, eu?" Poate că genunchii i se loveau unul de celălalt. Teama lui Ghedeon este de înțeles. Biblia ne spune că țara era sub stăpânirea madianiților și a amaleciților, iar vrăjmașii lui Israel erau la fel de numeroși ca lăcustele:

> După ce semăna Israel, Madian se suia cu
> Amalec și fiii Răsăritului și porneau împotriva
> lui. Tăbărau în fața lui, nimiceau roadele țării
> până spre Gaza și nu lăsau în Israel nici
> merinde, nici oi, nici boi, nici măgari.
> (Judecători 6:3-4)

La porunca Domnului, Ghedeon a ridicat o armată de 10.000 de oameni pentru a face față acestor oștiri vrăjmașe. Apoi, într-o vreme de criză, Dumnezeu a făcut ceea ce era de neconceput. A început să reducă armata deja mică a lui Ghedeon. Vă amintiți? Dumnezeu i-a poruncit lui Ghedeon să demareze un proces de selecție, până când armata a ajuns să numere 300 de oameni! Cu 300 de oameni, Ghedeon trebuia să pornească împotriva taberei vrăjmașilor lui Dumnezeu. Care erau armele nemaivăzute pe care oamenii aceștia urmau să le folosească împotriva unei puteri militare atât de mari? Dumnezeu le-a poruncit să ia la luptă trompete, vase de lut și făclii. Glumești?! Ce strategie militară este aceasta?! Este genul lui Dumnezeu de strategie. Strategia credinței.

Prin credință, Ghedeon și oamenii săi au făcut așa cum poruncise Domnul. În puterea nopții, israeliții s-au plasat pe crestele munților care înconjurau miile de focuri ale vrăjmașului care umpleau valea de sub ei. La porunca lui Ghedeon, cei 300 de ostași au sunat din trompete și au spart vasele, în timp ce țineu făcliile în mâna stângă. Cu o singură voce au proclamat strigătul de război al credinței: „Sabia Domnului și a lui Ghedeon!" Vrăjmașii, îngroziți și dezorientați în întuneric, au început să lupte și să se măcelărească unii pe alții, iar apoi, loviți de panică, s-au împrăștiat în toate direcțiile. Ce victorie extraordinară! Chiar mai glorioasă, prin faptul că a fost obținută de o forță atât de mică, dirijată de un om cu o credință mică. Credință mică însă înseamnă atât de mult atunci când este plasată într-un Dumnezeu mare!

BARAC
Generalul șovăitor

Un alt nume în acest capitol al credinței care ne surpinde. Aceasta pentru că pe măsură ce citim în Bibliile noastre despre Barac, generalul șovăitor, descoperim că persoana care a dat dovadă de o credință adevărată este Debora. Ea era judecătoarea copiilor lui Israel, în ținutul muntos al lui Efraim. Debora i-a cerut lui Barac să formeze o armată cu care să lupte împotriva armatei canaaniților. Această armată uriașă includea 900 de care, fără să socotim miile și zecile de mii care aparțineau infanteriei. Răspunsul lui

Barac nu a fost tocmai unul caracterizat de o credință neclintită. Acest general atât de șovăitor a spus: „Mă duc, dar nu mă duc fără tine, doamnă."

Barac i-a zis: „Dacă vii tu cu mine, mă voi duce; dacă nu vii tu cu mine, nu mă voi duce." Ea a răspuns: „Voi merge cu tine, dar nu vei avea slavă în calea pe care mergi, căci Domnul va da pe Sisera în mâinile unei femei."
(Judecători 4:8-9)

Astfel, Debora l-a însoțit pe Barac, iar acesta „ a urmărit carele și oștirea până la Haroșet-Goim; și toată oștirea lui Sisera a căzut sub ascuțișul sabiei, fără să fi rămas un singur om." (Judecători 4:16). În timpul luptei însă, Sisera, cuprins de groază, a sărit din carul său și a scăpat fugind pe jos.

Armata lui Barac a fost victorioasă, dar potrivit Cuvântului Său, Dumnezeu a dat victoria supremă Iaelei, soția lui Heber, Chenitul. Aceasta l-a încurajat pe Sisera care era extenuat să se ascundă de Barac în cortul ei și, în timp ce dormea, Iael i-a bătut un țăruș al cortului, prin tâmplă.

Din nou, învățăm o lecție. Barac nu este exemplul unei credinței perfecte. În mod clar, acesta s-a luptat cu îndoielile. Cu toate acestea, credința lui era reală. A crezut cuvântul lui Dumnezeu și l-a ascultat. Ca rezultat, numele lui va fi mereu asociat cu o victorie incredibilă a lui Dumnezeu.

SAMSON
Cel mai puternic om slab

Apoi, ajungem la Samson, atât de puternic din punct de vedere fizic și atât de slab din punct de vedere spiritual. Samson nu a umblat întotdeauna aproape de Domnul, dar întotdeauna a avut credință. Abordarea lui lumească a ajuns să îl coste totul, iar căderea sa a culminat atunci când „filistenii l-au apucat și i-au scos ochii..." (Judecători 16:21).

Filistenii l-au legat pe Samson cu lanțuri și l-au pus în temniță. Acolo, a fost obligat să învârtă la râșniță, împlinind rolul unui bou. Într-una din zile, vrăjmașii săi au cerut ca Samson să fie adus în lanțuri, pentru a-i distra în templul imens dedicat dumnezeului lor. În timp ce Samson stătea legat între doi stâlpi, îndurând batjocurile și blasfemiile lor, i-a cerut lui Dumnezeu cu credință să îi redea puterea, pentru a se putea răzbuna pe filisteni. Domnul i-a ascultat rugăciunea. Samson și-a aplecat capul și, cu toată puterea, s-a lăsat pe cei doi stâlpi. Clădirea s-a dărâmat peste filisteni și a omorât 3.000 de oameni. Samson a nimicit mai mulți vrăjmași la moartea sa, decât de-a lungul întregii sale vieți, iar Dumnezeu a fost glorificat.

IEFTA
Renegatul social

Iefta era un războinic viteaz, dar, la un moment dat, a fost pur și simplu alungat din cetate de către rudele sale, pentru că era fiul unei prostituate. El și-a scăpat viața în Țara Tob și, în timp, o bandă de tâlhari s-a adunat pe lângă el. Iefta a devenit conducătorul acestor oameni periculoși, dar atunci când Israel a avut nevoie de cineva care să îi elibereze din mâna amoniților, pe cine au căutat? Tocmai pe Iefta!

> Iefta a răspuns bătrânilor Galaadului: „Nu m-ați urât voi și nu m-ați izgonit voi din casa tatălui meu? Pentru ce veniți la mine acum când sunteți la strâmtorare?" Bătrânii Galaadului au zis lui Iefta: „Ne întoarcem la tine acum, ca să mergi cu noi, să bați pe fiii lui Amon și să fii căpetenia noastră, căpetenia tuturor locuitorilor Galaadului."
> (Judecători 11:7-8)

Iefta a condus armata la victorie și a intrat în luptă având la temelie Cuvântul lui Dumnezeu. Nu este acest lucru interesant? Acest renegat a devenit un judecător și luptător, i-a condus pe israeliți în luptă și a învins vrăjmașii lor, pe amoniți. Iefta nu și-a început viața într-un mediu și cu o moștenire de familie care să îl îndrepte către credința în Dumnezeu. El s-a născut și a crescut ca un renegat social. Viața sa nu era ordonată și curată. Era pământească și necizelată. În ciuda falimentelor sale sociale și personale însă Iefta a găsit curajul necesar, prin credința sa în Dumnezeu. Iefta nu este eroul propriei vieți. Eroul cunoscut prin victoria sa este Dumnezeul lui Israel.

DAVID
Marele Rege

David a fost cu siguranță un mare rege, dar ca un păstor de la țară, era ultima persoană la care cineva s-ar fi gândit că va deveni împărat. Era cel mai tânăr fiu al lui Iese și cunoștințele lui David despre război se rezumau la folosirea praștiei. Printr-un concurs de împrejurări neașteptate, David s-a trezit într-una dintre zile față în față cu uriașul Goliat, conducătorul și campionul filistenilor. David nu avea decât o praștie și credința în Dumnezeu, dar acestea erau toate lucrurile de care avea nevoie.

David a zis filisteanului: „Tu vii împotriva mea cu sabie, cu suliță și cu pavăză; iar eu vin împotriva ta în Numele Domnului oștirilor, în Numele Dumnezeului oștirii lui Israel, pe care ai ocărât-o. Astăzi Domnul te va da în mâinile mele, te voi doborî și îți voi tăia capul...Și toată mulțimea aceasta va ști că Domnul nu mântuiește nici prin sabie, nici prin suliță. Căci biruința este a Domnului. Și El vă dă în mâinile noastre." (1 Samuel 17:45-47)

Dumnezeu a dăruit o victorie minunată în acea zi, dar și de-a lungul anilor în care David, băiatul-păstor, a devenit păstorul-rege al lui Israel. De fapt, David a devenit unul dintre regii cu cele mai multe cuceriri din întreaga istorie.

SAMUEL
Un răspuns la rugăciune

Copilul Samuel era un răspuns al rugăciunilor înălțate de mama sa, Ana, care s-a rugat și s-a rugat pentru un fiu. Ea I-a promis lui Dumnezeu:

„Doamne, Dumnezeul oștirilor! Dacă vei binevoi să cauți spre întristarea roabei tale, dacă-Ți vei aduce aminte de mine și nu vei uita de roaba ta și dacă vei da roabei tale un copil de parte bărbătească, îl voi închina Domnului pentru toate zilele vieții lui și brici nu va trece peste capul lui." (1 Samuel 1:11)

Dumnezeu i-a ascultat cererea și Samuel a fost crescut încă din pruncie de către marele preot Eli, în cortul lui Dumnezeu. Fiii lui Eli și prietenii lor erau niște conducători religioși nelegiuiți, păcătoși și imorali. Samuel a crescut în mijlocul lor. Atunci când a crescut mare însă, Samuel a readus în Israel acel gen de închinare care îl onora pe Dumnezeu. Samuel a ridicat din nou Cuvântul înaintea poporului și i-a învățat să îl asculte. Samuel a făcut toate acestea în calitate de preot și profet al lui Dumnezeu. Ca rezultat, Dumnezeu a trimis peste poporul său descurajat vremuri de înviorare.

DANIEL
Îmblânzitorul de lei

>...au astupat gurile leilor, au stins puterea focului, au scăpat de ascuțișul sabiei, s-au vindecat de boli, au fost viteji în războaie, au pus pe fugă oștirile vrăjmașe. Femeile și-au primit pe morții lor înapoi înviați.
>(Evrei 11:33-35)

Citim în aceste versete și despre urmași ai lui Dumnezeu care *nu sunt numiți*, dar care nu sunt *necunoscuți*. În versetul 33 ni se vorbește despre cineva care „a astupat gura leilor." Încă din tinerețea sa, Daniel L-a slujit pe Dumnezeu cu credincioșie, deși era înconjurat de un mediu păgân în Babilon. El a rămas cu credincioșie lângă Domnul. Atunci când viața sa a fost pusă în primejdie din pricina credinței lui în Dumnezeul lui Avraam, Isaac și Iacov, Daniel a rămas lângă Dumnezeu, plecându-se înaintea Lui în rugăciune. Acest act al ascultării l-a adus pe Daniel în groapa cu lei. Cu toate acestea, din cauza credinței sale, Dumnezeu a blocat maxilarele tuturor leilor în acea noapte. De fapt, aceștia au devenit drăguți, perne moi de blană pe care Daniel a putut să își plece capul. Următoarea dimineață, Daniel a fost scos de acolo viu și nevătămat în vreun fel. Credința care l-a condus pe Daniel să se revolte împotriva statului a adus o victorie măreață și a rămas peste timp ca o mărturie a slavei lui Dumnezeu.

Daniel avea și câțiva asociați—Șadrac, Meșac și Abed Nego, oameni care au refuzat să se supună poruncilor unei stăpâniri rele și să se închine înaintea dumnezeului ei păgân. Când o mare adunare de oameni și-au plecat fețele la pământ, acești oameni au rămas în picioare. Ca rezultat, au fost aruncați în cuptorul încins. În versetul 34 citim că ei erau cei care „au stins puterea focului." Închinătorii păgâni au putut vedea că ei nu se *pleacă*, dar nici nu *ard*! Şadrac, Meşac şi Abed Nego nu au fost atinşi de flacără, dar mărturia lor pentru Domnul a fost una cât se poate de înflăcărată!

În cele din urmă, în versetele 34 şi 35, citim despre alăturarea credinţei a două văduve şi a doi profeţi. Textul ne spune că aceste femei „au primit pe morţii lor înapoi înviaţi." Această afirmaţie face referire la lucrarea lui Ilie şi a lui Elisei. Ilie l-a înviat pe fiul văduvei din Sarepta care a crezut în Dumnezeul lui Israel, (deşi nu făcea parte din poporul lui Israel). Elisei l-a înviat pe fiul Sunamitei. Aceste victorii incredibile sunt istorisiri ale credinţei. Fiecare biruinţă a fost câştigată prin puterea lui Dumnezeu şi spre slava lui Dumnezeu. Dumnezeu şi-a arătat slava *în* vieţile acestor oameni, *prin* credinţa lor.

Aceste istorisiri au fost consemnate pentru credinţa noastră.

Deci, cum creştem în credinţă? Care este resursa care ne poate ajuta să creştem în credinţă pe noi, azi, în calitate de popor al lui Dumnezeu? Creşte credinţa noastră atunci când petrecem ore în şir postând şi citind postări pe Facebook? Nu. Noi creştem în credinţă atunci când ne adâncim *feţele* în *carte*- Biblia (în engleză *face* înseamnă „faţă", iar *book* înseamnă "carte", n. tr.). Acesta este modul în care putem crește în credință: citind Cuvântul lui Dumnezeu.

În general, în momentul convertirii noastre, nu suntem foarte familiari cu istorisirile din Biblie. Ne ia timp să ne familiarizăm cu aceste povestiri. Există însă un mod mai bun de a ne investi timpul? Pur și simplu, nu există nicio scuză pentru un creștin care nu cunoaște în timp aceste istorisiri. Putem să le citim. Există o cale pe care trebuie să o parcurgem pentru a crește în credința noastră: *fața noastră în carte*. Probabil ar trebui să ne hotărâm să petrecem mai mult timp în Cartea Credinței decât pe Cartea Fețelor (joc de cuvinte în engl., unde *faith* înseamnă „credință." Astfel, se creează două cuvinte cu o sonoritate foarte asemănătoare: Faithbook și Facebook. n. tr.)

Ei nu puteau gândi retrospectiv.

Este important să ne amintim că acești urmași ai lui Dumnezeu nu cunoșteau rezultatele, adică ceea ce avea să se întâmple. Citim despre modul în care Șadrac, Meșac și Abed Nego erau târâți către cuptorul încins și putem să ne spunem nouă înșine: „Nu vă îngrijorați băieți. N-o să vă vină să credeți ce se va întâmpla. Va fi ceva special!" *Ei nu știau aceasta!* Faptul că nu știau ceea ce urmează să se întâmple face credința lor chiar mai impresionantă.

Şadrac, Meşac şi Abed Nego au răspuns împăratului Nebucadneţar: „Noi n-avem nevoie să îți răspundem la cele de mai sus. Iată Dumnezeul nostru, Căruia Îi slujim, poate să ne scoată din cuptorul aprins şi ne va scoate din mâna ta împărate. Şi chiar de nu ne va scoate, să ştii, împărate, că nu vom sluji dumnezeilor tăi şi nici nu ne vom închina chipului de aur pe care l-ai înălţat."
(Daniel 3:16-18)

Aceşti trei bărbaţi ai credinţei au spus: „Poţi să ne prăjeşti, dar nu ne vom închina înaintea dumnezeilor tăi falşi. Putem *arde*, dar nu ne *plecăm*." Să ne dea şi nouă acea măsură de credinţă astfel încât să putem spune în vremurile noastre, oricărei autorităţi, oricărei instituţii sau oricăror oameni: „Nu ne vom pleca şi nu ne vom sacrifica credinţa pentru politicile voastre nelegiute."

Mărturia acestor trei oameni ne aminteşte încă un adevăr cât se poate de important—uneori, Domnul nu îşi izbăveşte oamenii. Dumnezeu Îşi arată gloria prin *victoriile* oamenilor Săi, da, dar întotdeauna îţi manifestă gloria prin suferinţele copiilor Săi. Să privim acum la versetele 35-38:

...unii ca să dobândească o înviere mai bună, n-au vrut să primească izbăvirea care li se dădea şi au fost chinuiţi. Alţii au suferit batjocuri, bătăi, lanţuri şi închisoare; au fost ucişi cu pietre, tăiaţi în două cu fierăstrăul, chinuiţi; au murit ucişi de sabie, au pribegit îmbrăcaţi cu cojoace şi în piei de capre, lipsiţi de toate, prigoniţi, munciţi—ei de care lumea nu era vrednică—au rătăcit prin pustiuri, prin munţi, prin peşteri şi prin crăpăturile pământului. (Evrei 11:35-38)

MOŞTENIREA CREDINŢEI
şi a suferinţei...

Moştenirea credinţei este o moştenire a suferinţei. Cine sunt aceşti oameni descrişi aici? Cunoaştem din istoria iudeilor că Isaia a fost tăiat în două cu fierăstrăul de către împăratul nelegiuit Manase. Manase a folosit un fierăstrău de lemn pentru ca tortura să fie chiar mai cumplită. Ni se spune că Ieremia a fost ucis cu pietre pentru că a profeţit poporului lui Israel care se întorsese în Egipt.

Unii dintre aceşti credincioşi menţionaţi în v. 35-38 au trăit în perioada inter-testamentară. 400 de ani au trecut între finalul Vechiului Testament şi începutul Noului Testament. Aceasta a fost o perioadă în care mulţi evrei au trăit în țara lor, dar erau din nou și din nou cotropiți de națiuni străine. Unele dintre greutățile prin care au trecut sunt incredibile.

La un moment dat, un rege sirian, Antioh IV Epifanul, a cucerit cetatea. I-a torturat pe toți preoții și familiile acetora. A jertfit porci pe altarul din Ierusalim. A transformat încăperile sfinte din aria templului în bordeluri. Oamenii credinței însă nu au cedat. Mulți dintrei ei s-au ascuns în peșteri și în grote, dar nu au renunțat.

Unii dintre credincioșii descriși în aceste versete ar putea fi membri ai bisericii primare. La vremea scrierii Epistolei către Evrei, oamenii care Îl urmau pe Isus sufereau deja persecuții. Aceștia erau adesea batjocoriți și aveau parte de procese nedrepte în tribunale false, iar apoi erau aruncați în temniță. Acolo erau ținuți în lanțuri. Cunoaștem din cartea Faptelor că Ștefan a fost primul martir. Acesta a fost omorât cu pietre în timp ce se ruga lui Dumnezeu.

> Dar Ștefan, plin de Duhul Sfânt, și-a pironit ochii spre cer, a văzut slava lui Dumnezeu și pe Isus stând în picioare la dreapta lui Dumnezeu și a zis: „Iată, văd cerurile deschise și pe Fiul Omului stând în picioare la dreapta lui Dumnezeu." (Fapte 7:55-56)

Citim de asemenea în cartea Faptelor, că primul apostol care și-a dat viața a fost Iacov, fratele lui Ioan. Acesta a fost ucis cu sabia, la ordinele împăratului Irod (Fapte 12:2).

Moștenirea suferinței urmașilor lui Dumnezeu a continuat de-a lungul veacurilor. Nu a existat niciun secol în care poporul lui Dumnezeu să nu experimenteze suferința. Misiologii ne spun că în secolele 20 și 21 au fost omorâți mai mulți creștini pentru credința lor decât în toate celelalte secole la un loc.

În timp ce noi ne închinăm în relativă libertate, unele estimări ne spun că peste 200 de milioane de frați și surori sunt persecutați pentru credința lor. La nivel global, aceasta înseamnă că unul dintre 12 credincioși este persecutat.

Cu siguranță că unii dintre cei care citesc această carte chiar acum cred în Isus și suferă din această cauză. Aș dori să știi că prin credința ta în mijlocul suferinței îi aduci glorie lui Dumnezeu.

Da, gloria lui Dumnezeu este manifestată în oameni care *suferă după voia lui Dumnezeu*. Există și astăzi învățături eretice care susțin că cei care au o credință adevărată nu suferă niciodată. Oare ce Biblie citesc acești oameni?

Iată ce spune apostolul Petru în 1 Petru 4:19:

> „Aşa că cei ce suferă după voia lui Dumnezeu să-şi încredinţele sufletele credinciosului Ziditor şi să facă ce este bine."

Cum este posibil ca cei ce suferă cu voia lui Dumnezeu, să facă bine în mijlocul suferinţelor lor? Îndurându-le. Slava lui Dumnezeu este exprimată şi experimentată în modul cel mai minunat în vieţile oamenilor care, prin puterea Sa, *suportă lucrurile de nesuportat.* Slava lui Dumnezeu se odihneşte peste ei.

Chiar săptămâna aceasta, în timp ce priveam un material video cu soţia mea, Susan, am fost atât de impresionat de mărturia unei persoane care trăieşte în voia lui Dumnezeu şi totuşi trece prin suferinţe greu de închipuit. Este vorba despre o mărturie prezentată de Joni Eareckson Tada, în cadrul unei conferinţe biblice de la Grace Community Church din Sun Valley, California. Ea şi-a intitulat mesajul „O vindecare mai profundă."

> În urmă cu ceva vreme, Ken şi cum mine am avut oportunitatea de a vizita Ţara Sfântă. Nu mi-a spus care va fi itinerariul, dar ştiam că vom merge în oraşul vechi al Ierusalimului, ceea ce s-a şi întâmplat. Eram în scaunul meu cu rotile şi am străbătut străzile pietruite până ce în dreapta noastră a apărut Muntele

Templului. Am luat-o la stânga, am trecut de biserica Sf. Ana, iar apoi dintr-o dată cărerea se deschide și, spre marea mea surpriză, apare scăldătoarea Betezda. „Ken, hai să vezi. Este scăldătoarea Betezda. Oh, Ken, nici nu știi de câte ori mi-am imginat că sunt și eu una dintre persoanele cu dizabilități de la scăldătoare."...stăteam acolo și priveam la vechile ruine, în timp ce Ken coborâse să vadă dacă în vechile bazine se mai găsește ceva apă. Dar, în timp ce eram acolo singură, doar cu mine însumi și cu Mântuitorul meu, lacrimile mi-au inundat fața: „Isuse Îți mulțumesc. Mulțumesc că *ai spus „nu" la cererea mea pentru vindecare fizică*. Tu chiar ai știut ceea ce ai făcut în urmă cu mulți ani, pentru că *răspunsul „nu" la cererea de vindecare fizică* a curățat atât de mult păcat din viața mea, atât de mult egosim și atât de multă amărăciune și știu că încă mai am mult de mers, dar doresc să mă trezesc în fiecare zi și vreau să fiu o Joni diferită față de cea care am fost ieri. Vreau să fiu acea Joni pe care tu ai creat-o, să fiu ceea ce tu ai proiectat să fiu. O Doamne, ajută-mă să pășesc în acel fel de viață. *Răspunsul „nu" la cerea de vindecare fizică*, Doamne Isuse, a însemnat că depind mai mult de harul tău, dar și că mila mea pentru persoane rănite și cu dizabilități este mai mare. M-a ajutat să las în urmă plângerile...m-a făcut să îți aduc mulțumire în vremuri de suferință. Mi-a crescut credința. Mi-a întărit credința în nădejdea Cerului și m-a făcut să te iubesc mult, mult mai mult...Este atât de sigur, un lucru atât de minunat să mă pot întoarce în locul preasfânt al părtășiei cu suferințele tale și nu aș da asta pentru nicio distanță parcursă pe picioarele mele." Aceasta este vindecarea profundă. Aceasta este vindecarea reală.

Joni se alătură celor numiți în Evrei 11:38, „...de care lumea nu era vrednică." Aceștia sunt oameni care nu au văzut slava izbăvirii lui Dumnezeu în orice domeniu al vieții, dar au experimentat slava lui Dumnezeu în suferința lor. Prin harul lui Dumnezeu, ei nu s-au umplut de amărăciune, ci au fost curățiți și purificați prin suferință, iar Hristos strălucește în viața lor, prin intermediul unei credințe care este mai prețioasă decât aurul, după ce a fost încercată în foc.

Nu suntem mântuiți pentru a ajunge în cer. Scopul nostru este să manifestăm gloria lui Dumnezeu. Suntem mântuiți pentru a-L cunoaște și pentru a-L face cunoscut pe Dumnezeul cerului. Dumnezeu a hotărât în înțelepciunea Sa suverană că se va face de cunoscut prin oameni care au credință în El, descoperindu-se *prin victoriile* din viețile lor și se va face de cunoscut prin suferințele din viețile lor. Pe ambele căi, El va face ca gloria Lui să fie cunoscută.

UNITATE VEȘNICĂ PENTRU COPIII SĂI

Privește încă o dată la Evrei 11:39-40. Dumnezeu își manifestă slava prin victoriile poporului Său, prin suferințele poporului Său, dar, în mod suprem, își va proclama gloria prin *unitatea veșnică a poporului Său*.

> „Toți aceștia, măcar că au fost lăudați pentru credința lor, totuși n-au primit ce le fusese făgăduit; pentru că Dumnezeu avea în vedere ceva mai bun pentru noi, ca să n-ajungă ei la desăvârșire fără noi." (Evrei 11:39-40)

Toți acești oameni din Evrei 11, care au umblat pe pământ înainte de Hristos, au crezut, dar credința lor nu a ajuns la împlinire. Ei nu au văzut decât promisiunea obscură— nădejdea Salvatorului care urma să vină. Ei priveau înainte, înspre El.

Dar, prietenii mei, noi am primit ceva mult mai bun, întrucât știm că El a venit. L-am experimentat. Isus a venit pentru a fi Mântuitorul, murind pe o cruce, vărsându-și sângele și înviind biruitor. Chiar acum este așezat la dreapta Tatălui și se întoarce din nou!

Au existat urmași ai lui Dumnezeu *înainte* de cruce și urmași ai lui Dumneze, ca noi, *după* cruce. Ei priveau *înainte*, iar noi privim *în urmă*, dar toți oamenii lui Dumnezeu privesc *în sus*. Privim înspre același lucru înspre care privea și Avraam-cetatea cerească a lui Dumnezeu—o cetate al cărei Meșter și Ziditor este Dumnezeu.

În Apocalipsa 21:10-27, Dumnezeu ne oferă o imagine a acelei cetăți—Noul Ierusalim, orașul capitală al familiei lui Dumnezeu pentru totdeauna. Ioan a văzut-o coborându-se din cer ca o mireasă împodobită pentru Mirele ei, în cartea Apocalipsa:

> „Și m-a dus, în Duhul, pe un munte mare și înalt. Și mi-a arătat cetatea sfântă, Ierusalimul, care se pogora din cer, de la Dumnezeu, având slava lui Dumnezeu.
> Lumina ei era ca o piatră prea scumpă, ca o piatră de iaspis, străvezie ca cristalul. Era înconjurată cu un zid mare și înalt. Avea douăsprezece porți, și la porți, doisprezece

îngeri. Şi pe ele erau scrise nişte nume: numele celor douăsprezece seminţii ale fiilor lui Israel. Spre răsărit erau trei porţi; spre miazăzi, trei porţi; şi spre apus trei porţi. Zidul cetăţii avea douăsprezece temelii, şi pe ele erau cele douăsprezece nume ale celor doisprezece apostoli ai Mielului." (Apocalipsa 21:10-14).

Biblia descrie cetatea în măsura în care noi o putem înţelege în termeni umani. Îmi place ce spune pasajul: „Zidul cetăţii avea douăsprezece temelii şi pe ele erau cele douăsprezece nume ale celor doisprezece apostoli ai Mielului." Iar apoi aceasta: „Şi pe ele erau scrise nişte nume: numele celor douăsprezece seminţii ale fiilor lui Israel."

Aceasta înseamnă că noua cetate a Ierusalimului este pentru întreaga familie a lui Dumnezeu—credincioşii vechiului şi noului legământ, un singur popor pentru totdeauna. Într-o zi, cu toţii vom fi acolo în cer, datorită lui Isus.

Istorisirile celor care-L urmează pe Dumnezeu sunt unice, dar, istoria vieţii fiecărui urmaş al lui Dumnezeu de-a lungul veacurilor se încheie cu aceeaşi propoziţie şi „au trăit fericiţi pentru totdeauna." Amin.

GHID C.E.A.R.

CITEȘTE:

- Evrei 11:32-40 de câteva ori.
- Care crezi că este ideea principală pe care autorul dorește să o comunice?

EXPLOREAZĂ:

1. Numele pomenite în „galeria credinței" se încheie cu câteva exemple finale și încurajări. Mai jos, sunt notate numele și referințele biblice unde istorisirile sunt relatate. Încearcă să citești cel puțin una dintre relatări săptămâna aceasta pentru a explora credința lor în Dumnezeu.
2. Citește Judecători 21:25 și consemnează mediul în care oamenii aceștia au trăit.
3. Care este efectul pe care Dumnezeu intenționează ca aceste istorisiri să-l aibă asupra vieților noastre (11:33-35a)?

4. Care este intenția lui Dumnezeu atunci când face referire la aceste istorisiri? Ce te învață aceste istorisiri despre viața credinței în Dumnezeu?
5. Eroii Vechiului Testament au murit primind ceva (11:39; 11:2) și totuși nu au primit cel mai important lucru. Care au fost acele lucruri?
6. Noi, cei din perioada noului legământ al Bisericii beneficiem de pe urma acestor eroi din vechime, dar și ei beneficiază de pe urma noastră! În ce fel ne slujim unii altora (11:39-40)?

Aplică:

- Cum ai descrie cultura noastră din România, în ce privește răspunsul pe care oamenii îl dau adevăratei credințe în Dumnezeu? Este diferit față de vremea judecătorilor? Similar?
- Care sunt modurile, în care, „prin credință," ai realizat pentru Domnul lucruri pe care niciodată nu le-ai fi crezut posibile?
- Ce te învață modelul „de la putere la suferință prin credință" din Evrei 11 despre viața credinței? Cu ce greutăți s-ar putea confrunta biserica ta în anii care vin? Îl vei vedea pe Domnul ca fiind mai prețios decât însăși viața ta?

ROAGĂ-TE:

- Recunoaște înaintea lui Dumnezeu că ești o persoană a credinței care totuși păcătuiește, întocmai ca acei eroi din vechime. Prin credință, cere pentru tine promisiunea lui Dumnezeu, care spune că „dacă ne mărturisim păcatele, El este credincios și drept ca să ne ierte păcatele și să ne curățească de orice nelegiuire" (1 Ioan 1:9).

- Laudă-L pe Dumnezeu pentru că ne susține credința prin har și pentru că ni-L dăruiește pe Cel mai mare erou al nostru: Isus. (Evrei 12:1-2).

8

ȚINTA CREDINȚEI

"...să alergăm cu stăruință în alergarea care ne stă înainte. Să ne uităm țintă la Căpetenia și Desăvârșirea credinței noastre, adică la Isus." (Evrei 12:1-2)

Pe măsură ce am parcurs capitolul 11 din Epistola către Evrei, am privit în profunzime la credință. Autorul epistolei ne amintește că Isus este mai bun decât orice altceva și că niciodată nu ar trebui să ne mulțumim cu mai puțin. Am privit la exemplele acestor mari bărbați și femei ai lui Dumnezeu care L-au slujit și L-au urmat cu inimi pline de dragoste și de dedicare.

Atunci când ajungem la Evrei capitolul 12, tema credinței continuă. După ce ne-a prezentat istorisirile acestor mari eroi și ne-a motivat prin dragostea și credința lor, aproape că îl auzim pe autorul Scripturii strigându-ne: „Aleargă, creștine, aleargă!" Prietene, exact acesta este lucrul pe care îl avem de făcut. Având exemplele acestor mari bărbați și femei ai lui Dumnezeu înaintea noastră, trebuie să alergăm cu credincioșie.

Mulți consideră Evrei 12:1-2 ca fiind metafora perfectă a vieții creștine. Este imaginea unei curse lungi de alergare, în interiorul unui stadion imens plin de oameni. Cu toții suntem atleți și participăm la această cursă. Este timpul nostru. Este cursa noastră.

Unul dintre punctele importante ale orarului meu săptămânal este întâlnirea pe care o am cu mai mulți bărbați, într-o grupă mică, în fiecare marți dimineața. Studiem împreună pasajul care va fi predicat duminică, discutăm idei și aplicații din text, iar apoi încheiem rugându-ne cu privire la lucrurile pe care le-am învățat. Recent, am petrecut timp studiind și discutând următorul pasaj biblic, împreună:

> Și noi, dar, fiindcă suntem înconjurați cu un nor așa de mare de martori, să dăm la o parte orice piedică și păcatul care ne înfășoară așa de lesne și să alergăm cu stăruință în alergarea care ne stă înainte. Să ne uităm țintă la Căpetenia și Desăvârșirea credinței noastre,

adică la Isus, care, pentru bucuria care-i era pusă înainte, a suferit crucea, a disprețuit rușinea și șade la dreapta scaunului de domnie al lui Dumnezeu." (Evrei 12:1-2)

Am întrebat grupul: „Despre ce îți amintește acest pasaj?"
Unul dintre bărbați a răspuns prompt: „Forrest Gump."
Am răspuns, cu o doză de sarcasm: „Bineînțeles. Este cât se poate de clar că acest pasaj vorbește despre Forest Gump!" Apoi am observat însă că bărbatul era cât se poate de sincer, așa că l-am îndemnat: „Ajută-ne să înțelegem mai clar ideea ta!"

Imediat, a explicat: „Trebuie să alergăm pentru Domnul, dar uneori suntem împiedicați de lucruri, de greutăți, așa cum Forrest Gump era împiedicat de protezele de la picioare. Prin credință însă putem să frângem acele piedici și să începem să alergăm pentru Domnul."

Un ajutor vizual, nu? Forrest este vânat de golani, dar are acele proteze prinse strâns de piciorușele lui scheletice. Jenny, prietena adevărată a lui Forrest îi strigă: „Aleargă, Forrest, aleargă!" Forrest stârnit la acțiune de Jenny, începe să alerge. Încet la început, apoi tare și mai tare, el fuge până când, în cele din urmă, protezele cad în toate direcțiile și Forrest îi lasă în urmă pe golani. Această imagine a devenit un simbol al credinței și al iubirii care depășesc orice obstacol.

Acel gen de credință care ne motivează să alergăm în cursa noastră presupune o concentrare specială. Cu siguranță că nu vom experimenta acel gen de credință *privind la noi înșine*. Este clar, de asemenea, că această credință nu va crește nici atunci când *privim în jurul nostru*. Există totuși un loc înspre care ne putem concentra atenția, astfel încât să creștem în credință și să împlinim ceea ce Domnul dorește în viețile noastre, pentru gloria Lui.

Unde ar trebui să fie direcționată atenția noastră, astfel încât credința să se nască și să renască în inimile noastre? În Evrei 12:1-2, ni se spune unde să privim pentru a găsi sursa de inspirație pentru alergarea noastră.

> Și noi, dar, fiindcă suntem înconjurați cu un nor așa de mare de martori, să dăm la o parte orice piedică și păcatul care ne înfășoară așa de lesne și să alergăm cu stăruință în alergarea care ne stă înainte. Să ne uităm țintă la Căpetenia și Desăvârșirea credinței noastre, adică la Isus, care, pentru bucuria care-i era pusă înainte, a suferit crucea, a disprețuit rușinea și șade la dreapta scaunului de domnie al lui Dumnezeu." (Evrei 12:1-2)

Probabil cunoști deja faptul că împărțirea capitolelor și versetelor din Bibliile noastre nu era o parte a textului original. Aceste diviziuni au fost adăugate pentru a ajuta la limpezirea sensului și pentru a face citirea Bibliei mai ușoară. În acest pasaj, este important de reținut că ideea prezentată în capitolul 11 nu se sfârșește în versetul 40, ci continuă: „De aceea, datorită acestui grup incredibil de bărbați și femei ai credinței, să alergăm în alergarea care ne e pusă înainte." Cheia aici este *să alergăm în alergarea*. Imaginea aceasta ne este familiară nouă și era familiară și oamenilor din acele zile. Este imaginea jocurilor grecești, unde oamenii priveau acei mari atleți care alergau și concurau.

Observați însă că sunt și alți oameni legați de această alergare. Versetul 1 spune că suntem înconjurați cu un nor așa de mare de martori..." Acești martori nu sunt spectatori. Martorii menționați sunt persoane care au participat la alergare. Acum au terminat și sunt martori pentru noi.

Aceasta nu înseamnă că sunt martorii noștri. Mai degrabă, sunt martori pentru noi. Aceasta este alergarea noastră personală. Martorii au menirea de a ne inspira să fim urmași credincioși ai lui Dumnezeu și de a trăi o viață de credință. Ei au alergat în alergarea lor. Acum este rândul nostru.

DEDICARE

Aceste istorisiri ale eroilor credinței nu au fost scrise în Biblie, pentru ca noi să putem spune: „Ce istorisire minunată?!" Istorisirile au fost scrise pentru a ne inspira în alergarea noastră, în vremurile noastre. Motivați de pildele lor, este responsabilitatea noastră să ne dăruim cu întreaga inimă pentru a continua alergarea. Putem privi la înaintași pentru a găsi *inspirație*, dar suntem responsabili pentru *dedicarea* noastră.

Unul dintre primele cuvinte din acest verset este crucial. Cuvântul *fiindcă* leagă ceea ce se spune de tot ceea ce s-a spus începând cu Evrei 11:1 până la Evrei 11:40. De fapt, s-ar putea spune că acest cuvânt leagă tot ceea ce s-a spus până acum în Evrei, de aplicația personală care urmează. Restul epistolei, începând cu capitolul 12, până la final, se constituie ca o *aplicație personală*. Aplicația începe chiar aici unde autorul epistolei ne leagă de acești mari eroi ai credinței iudaice.

> Toți aceștia, măcat că au fost lăudați pentru credința lor, totuși n-au primit ceea ce le fusese făgăduit; pentru că Dumnezeu avea în vedere ceva mai bun pentru noi, ca să n-ajungă ei la desăvârșire fără noi. (Evrei 11:39-40)

Domnul are o echipă a credinței care nu este separată de diviziunea dintre Vechiul și Noul Testament. Suntem uniți unii cu ceilalți și cu toții suntem parte a planului măreț al lui Dumnezeu.

IMAGINEA UNEI CURSE

> Și noi, dar, fiindcă suntem înconjurați cu un nor așa de mare de martori, să dăm la o parte orice piedică și păcatul care ne înfășoară așa de lesne și să alergăm cu stăruință în alergarea care ne stă înainte... (Evrei 12:1)

Întreaga aplicație a vieții credinței este conținută în această imagine uimitoare redată în Evrei 12:1. Observați că fiecare dintre noi este inclus în această cursă. Este o cursă pentru toții copiii lui Dumnezeu și toți suntem incluși în ea ca indivizi. Este cursa noastră *personală*. Mulți alți oameni au participat în această cursă. Versetul 1 ne spune că „suntem înconjurați cu un nor așa de mare de martori." Prinde această imagine. Ne îndreptăm către linia de start. Trebuie să începem cursa. Privim la stadionul care ne înconjoară și vedem că suntem înconjurați de această masă imensă de oameni—acest nor minunat de martori.

Din nou, acest nor de martori din jurul nostru este compus din participanți la competiție care deja au alergat cursa lor. Ei nu sunt spectatori care și-au cumpărat un bilet, iar acum privesc. Ei sunt colegii noștri de echipă care au sfârșit alergarea lor. Acum stau în tribune și ne înconjoară. Ei sunt *foști* atleți în aceeași competiție.

Atunci când citim despre unii dintre acești bărbați și femei din trecut, mari eroi ai credinței, descoperim că nu au fost perfecți. Într-un mod ciudat, tocmai faptul că nu au fost perfecți ne oferă încurajare.

O persoană perfectă nu este un exemplu care să inspire prea mult. Exemplele care ne inspiră cel mai mult sunt oamenii care au dus luptele pe care le ducem și noi. Ei au fost imperfecți, ca noi, dar s-au luptat să înainteze. Dumnezeu nu s-a folosit niciodată de oameni perfecți pentru a-Și îndeplini lucrarea. Dumnezeu nu a avut niciodată acea „echipă de vis." Echipa lui a fost de multe ori "Echipa Vești proaste." *Aceasta* este echipa lui Dumnezeu. Dumnezeu nu a putut niciodată privi la echipa Lui spunând: „Priviți la acești campioni mondiali!" El privește la o echipă care nu are foarte mult de oferit, dar care Îi aparține. El a hotărât că îi va oferi o slavă chiar mai mare Fiului Său, Isus, prin faptul că va transforma în campioni oameni care nici măcar nu sunt pregătiți pentru competiție.

Acești eroi din Evrei 11 ne inspiră pentru că sunt *ca* noi. În prezent însă, chiar dacă ne inspiră pentru cursă, totul depinde de noi și de dedicarea noastră personală. Ei și-au alergat cursa, dar nu pot să o alerge și pe a noastră. Poate că unii din cei dragi ai noștri sunt în tribune. Viața lor s-a terminat. Îi mulțumim lui Dumnezeu pentru pilda lor și ne gândim la ei, dar ei nu pot alerga cursa noastră. Depinde de noi.

DETERMINARE

Cursa noastră presupune *dedicare*, dar și *determinare*.

> Și noi, dar, fiindcă suntem înconjurați cu un nor așa de mare de martori, să dăm la o parte orice piedică și păcatul care ne înfășoară așa de lesne și să alergăm cu stăruință în alergarea care ne stă înainte. (Evrei 12:1)

Acest verset sună foarte serios, nu? Așa trebuie să fie. „A da la o parte" înseamnă a pune deoparte lucruri. Cursa aceasta nu este una de încălzire sau de probă. Nu avem decât o singură cursă. O viață. O cursă. Este nevoie de o *hotărâre fermă* a alergătorului de a alerga *fără greutăți* (traducerea în limba engleză folosită de autorul acestei cărți folosește cuvântul *greutăți*, în loc de *piedică*, așa cum o face traducerea Cornilescu, n. tr.). Alergarea fără greutăți este sugerată prin următoarele cuvinte: „să dăm la o parte orice greutate și păcatul care ne înfășoară așa de lesne..."

GREUTĂȚI ȘI PĂCAT

Există două lucruri care ne pot împiedica de la a fi tot ceea ce Domnul Își dorește să fim. Dumnezeu ne spune că trebuie să punem deoparte *greutățile* și *păcatul*. O greutate este orice lucru din viața noastră care este *nefolositor* pentru alergare. Un păcat este orice lucru care *nu e sfânt*. Trebuie să punem deoparte lucrurile care nu ne ajută și care nu sunt sfinte. Lucrurile *nefolositoare* nu sunt neapărat lucruri rele. Există în viața noastră multe lucruri care nu sunt greșite, dar care nu ne ajută să alergăm.

Săptămâna trecută umblam pe o pistă și am văzut o echipă de atleți care au ieșit din mașinile lor cu rucsacuri bine îndesate pe care le-au pus în spate și au început să fugă. O idee nu foarte bună pentru cursă, dar o idee excelentă pentru *antrenamentul* în vederea cursei.

În urmă cu câțiva ani, soția mea Susan și cu mine călătoream către România pentru a vorbi unei adunări de misionari. Primul nostru zbor era din Atlanta, Georgia, către Munchen, Germania. Avionul începuse deja să se miște și se îndrepta spre pista de unde trebuia să decoleze, când, deodată, s-a oprit. Pilotul a început să ne vorbească și ne-a spus: „Doamnelor și domnilor, computerele ne arată că încărcătura depășește limita admisă cu o jumătate de tonă, așa că este nevoie să rămânem la sol și să lăsăm motoarele să funcționeze, consumând combustibil, până când greutatea se va reduce."

Eu stăteam în avion, gândindu-mă: „*Am o idee mai bună. Ce ar fi să merg pe culoar și să găsesc cei mai mari 8 sau 10 oameni, să îi poftesc afară și să păstrez combustibilul. Îmi pare un plan mai bun!*"

Atunci când te afli la 10 km deasupra pământului, combustibilul este un lucru bun, dar nu este o idee bună dacă avionul trebuie să ridice acea greutate suplimentară de o jumătate de tonă atunci când decolează.

Este greșit să ai combustibil într-un avion? Nu. Mai ales dacă avionul trebuie să traverseze Oceanul Atlantic! În acest caz, prea mult combustibil făcea ca avionul să fie prea greu, iar dacă avionul este prea greu, nu va ajunge să traverseze Atlanticul.

Dacă vei alerga cursa pentru Domnul, dacă îți vei trăi viața cu credincioșie pentru Hristos, s-ar putea să descoperi că există în viața ta lucruri care te țin în urmă. Nu greșite. Nu păcătoase, dar lucruri care nu sunt *de folos*. Duhul Sfânt poate să îți arate ceea ce te îngreunează și îți încetinește alergarea.

Există în viața noastră lucruri ce pot deveni nefolositoare.

Putem avea pasiuni, interese și lucruri de care ne bucurăm, dar dacă acele interese ne răpesc *tot timpul și atenția*, atunci nu sunt folositoare. Aceste „greutăți" ne pot îndepărta de lucrurile împărăției.

Putem avea o slujbă bună și trebuie să recunoaștem că o slujbă bună este o mare binecuvântare. Dar, fără limite corecte în jurul slujbei, aceasta se poate suprapune cu identitatea noastră. Identitatea noastră nu va mai fi ceea ce suntem în Hristos, ci *ceea ce facem*. Atunci când identitatea noastră devine ceea ce facem și nu mai este legată de *Persoana Căreia Îi aparținem*, atunci avem o problemă. Slujba a devenit o greutate care ne încetinește alergarea.

Greutatea poate fi o relație. S-ar putea ca în viața ta să existe o persoană care pretinde 100% din atenția ta atunci când sunteți împreună și dintr-o dată realizezi că atenția ta nu mai este concentrată asupra Domnului. Relația a devenit o greutate și poate e necesar să fie pusă deoparte.

Ceea ce reprezintă o greutate pentru altcineva, nu e neapărat o greutate pentru tine și invers. Totuși, ori de câte ori conștientizezi că în viață există ceva care te împiedică să fii cât se poate de eficient pentru Domnul, acel lucru trebuie pus deoparte.

Fiecare persoană de pe această planetă are la dispoziție doar 168 de ore pe săptămână. Uneori, un orar încărcat ne poate face să renunțăm la timpul de părtășie cu Domnul, timpul de părtășie cu familiile noastre sau timpul de părtășie spirituală cu frații noștri. Orarul este un lucru bun, dar și acesta poate deveni o greutate, dacă este încărcat cu prea multe chestiuni inutile.

Legat de *păcat*, lucrurile sunt cât se poate de diferite. Păcatul nu este definit de ceea ce se întâmplă în cultura noastră. Păcatul nu este definit de ultimul sondaj de opinie. Păcatul este definit de Dumnezeu. Ceea ce Dumnezeu spune că este greșit va fi greșit pentru veșnicie și ceea ce el spune că e drept va fi drept pentru veșnicie. Lucrurile nu sunt păcătoase pentru că cineva le cataloghează astfel. Ele sunt păcătoase pentru că *Dumnezeu* le consideră astfel. El este Judecătorul. Există un standard absolut pentru bine și rău, iar standardul este Dumnezeu Însuși și Cuvântul Său revelat. Încălcarea standardului lui Dumnezeu face ca ceva să fie păcătos.

SFÂNT ȘI GREȘIT

Păcatul nu este ceva *nefolositor*. Păcatul este ceva necurat și este necurat pentru că nu se conformează standardelor lui Dumnezeu. Am putea să privim la lucruri în felul următor: Dumnezeu este Cel care a trasat marcajele pe un teren, fără a-ți cere părerea. Atunci când ieșim din teren, încălcăm regulile. Acesta este păcatul și este greșit.

> Și noi, dar, fiindcă suntem înconjurați cu un nor așa de mare de martori, să dăm la o parte orice piedică și păcatul care ne înfășoară așa de lesne și să alergăm cu stăruință în alergarea care ne stă înainte. (Evrei 12:1)

Păcatul este mai mult decât ceea ce facem. Scriptura descrie păcatul ca ceva „care se prinde ne noi atât de lesne." (în traducerea în limba engleză, folosită de autor, n. tr.). Unele traduceri vorbesc despre păcatul „care ne stăpânește atât de repede." Literal însă cuvântul folosit însemnă „care ne înfășoară atât de puternic."

Avem imaginea unui atlet care se pregătește pentru cursă. A purtat un costum care să îl ajute să se încălzească, iar acel costum este aproape de corp pentru a-l ajuta să păstreze căldura. Atunci când atletul se pregătește pentru începutul cursei însă trebuie să îl dea jos. Există anumite păcate care se lipesc atât de tare, încât devin o parte din noi.

Autorul Epistolei către Evrei vorbește despre un păcat care s-a lipit atât de puternic de noi, încât aproape că este o parte din noi. De fapt, s-ar putea să fie vorba despre ceva care nu se află defel în exteriorul nostru. S-ar putea să fie atât de aproape de noi încât să se afle, de fapt, în interior.

S-ar putea să fie o atitudine sau un spirit de păcat care nu va dispărea prin faptul că citim o carte sau mergem la biserică. Poate ai descoperit că acele lucruri nu funcționează. Singurul mod prin care păcatul va dispărea este puterea lui Dumnezeu și o hotărâre fermă de a-l pune deoparte.

Poate păcatul are de-a face cu refuzul de a ierta. Poate că cineva ți-a greșit recent sau în urmă cu mai mulți ani și nu ești dispus să cedezi. Poate este vorba despre păcatul amărăciunii, al mâniei sau al lipsei de recunoștință care se lipesc atât de tare de noi. S-ar putea să fie vorba despre un duh de judecată sau un tip de rasism, în stare latentă. Te trezești că îi judeci pe oameni prin prisma formei feței lor sau prin prisma culorii pieii lor. Aceste păcate trebuie îndepărtate.

Isus spunea: „Dacă vrea cineva să vină după Mine, să se lepede de sine, să-și ia crucea în fiecare zi și să mă urmeze" (Luca 9:23). În acest punct, situația devine dificilă. Nu este vorba doar despre a renunța la lucruri care ne sunt *îndepărtate*. „Voi renunța la *acel* lucru" sau „Voi renunța la *acest* lucru." Nu. Pentru a putea alerga cu eficiență, trebuie să renunți la *tine însuți*. A-l urma pe Hristos înseamnă uneori că vor fi anumite lucruri care sunt atât de aproape de noi, încât, cu ajutorul lui

Dumnezeu, va trebui să spunem: „Doamne, trebuie să dezbrac aceste haine. Trebuie să renunţ la mine însumi." Exact acest lucru îl presupune a alerga pentru Isus.

STĂRUINŢĂ

Aşa cum suntem chemaţi să alergăm *fără greutăţi*, suntem chemaţi să alergăm *cu stăruinţă*. „Să dăm la o parte orice piedică şi păcatul care ne înfăşoară aşa de lesne şi să alergăm cu stăruinţă..." S-ar putea ca Biblia ta să folosească termenul *răbdare*. Cuvântul înseamnă, literal, „a rămâne sub," „dedesubt." Ideea este următoarea: „Voi rezista!" Provocarea este să alergăm cursa cu perseverenţă. Viaţa de alergare pentru Isus nu este un sprint, ci un maraton.

Nu am fost niciodată în viaţă un alergător de cursă lungă. Să explic. De fapt, niciodată nu am fost un alergător. Pentru mine, această activitate nu a avut niciun sens. Dacă lovesc o minge şi trebuie să alerg după ea pe teren...are sens. Dacă trebuie să fug pe teren pentru a da o pasă, iar apoi să fug din nou...da. Există situaţii în care aş alerga. Însă a alerga de dragul alergatului. Niciodată nu am înţeles acest lucru.

ISUS ESTE ȚINTA NOASTRĂ

În urmă cu câțiva ani vorbeam la o întâlnire în Nashville, iar la final o doamnă s-a apropiat de mine și mi-a spus: „Domnule pastor Polson, am fost atât de binecuvântată prin ceea ce ați spus azi. Mulțumesc. Îmi amintiți atât de bine de pastorul meu."

Am spus: „O, da?"

Ea a continuat: „El nu a putut ajunge azi pentru că participă în Colorado la un concurs al Omului de Fier. (Iron Man în engl., n. trad.)"

Am continuat să zâmbesc, dar în sinea mea mă gândeam: *„Îți garantez că nu semănăm deloc !"* Un concurs Iron Man?! Nici vorbă. Mi-a spus că sigur mi-ar plăcea de el dacă ne-am întâlni, iar eu mă gândeam: *„Nu prea cred. Un fanatic de genul acesta? Imposibil!"*

Totuși, a alerga în competiții ca Iron Man sau Iron Woman (Femeia de fier, n. trad.) seamănă foarte bine cu ceea ce înseamnă viața creștină. Nu este ușoară. Este grea. Nu este un sprint; este un maraton. Cursa noastră este una a dedicării, a autocontrolului și a lepădării de sine. Bineînțeles, acest tip de disciplină presupune întrebarea: „Cine își dorește o viață care cere acel tip de rezistență ce solicită o persoană până la limită?" Într-adevăr, motivația pentru o astfel de viață se găsește în *afara acestei lumi,* dar este motivația de care avem nevoie pentru a putea alerga în această cursă.

Evrei 12:2 ne descoperă motivația și ne spune că aceasta are de-a face nu cu *ce*, ci cu *cine*.

> Să ne uităm țintă la Căpetenia și Desăvârșirea credinței noastre, adică la Isus, care, pentru bucuria care-i era pusă înainte, a suferit crucea, a disprețuit rușinea și șade la dreapta scaunului de domnie al lui Dumnezeu."
> (Evrei 12:1-2)

Motivația supremă nu este faptul că dorim să fim ca David sau Samson, Sara, Rut sau Avraam. Aceste persoane sunt într-adevăr minunate. Motivația supremă însă este să îl urmăm pe Cel care a pus stăpânire pe inimile noastre—Domnul Isus Hristos. Motivația noastră supremă este Cel pe care Îl iubim. Aceasta este într-adevăr o motivație puternică. Dragostea schimbă totul!

Această cursă nu are de-a face cu alergarea de *dragul alergării*. Cursa are de-a face cu alergarea de *dragul lui Isus* spre care ne îndreptăm.

Alerg pentru Isus!

De ce alergăm pentru Isus? Pentru că *Isus* este ținta înspre care alergăm. El este vrednic. El este motivația—Isus, Mântuitorul nostru. El este motivul pentru care alergăm. El este motivația noastră.

Observați că Scriptura spune: „...să ne uităm țintă la Isus..." Aici nu este vorba despre a arunca o privire. Nu înseamnă „Privește și apoi mai aleargă o bucată." Cuvântul folosit aici înseamnă „fixat." Privirea trebuie să ne fie în permanență asupra lui Isus. Aceasta este ideea---fixarea privirii asupra Domnului. Isus este ținta noastră, așa că să alergăm *pentru* El. El este „Căpetenia și Desăvârșirea credinței noastre."

S-ar putea să nu cunoști exact momentul când credința ta *a început*, dar pot să îți spun cu siguranță ce *a văzut* credința ta, pentru că El este centrul absolut al oricărei credințe creștine autentice. În duhul minții tale ai văzut „slava lui Dumnezeu strălucind pe fața lui Isus Hristos (2 Corinteni 4:6). *Prin credință*, ai fost în stare să Îl vezi. Ochii tăi au fost deschiși. Ai fost orb, dar acum vezi.

Din acea zi în continuare, Isus nu a mai fost un personaj istoric pentru tine. Mai demult știai lucruri *despre* El, dar acum Îl cunoști *personal*. Acum poți să îl *vezi*. Înțelegi cine este și ce a făcut pentru tine la cruce. Acolo a început credința ta. Dacă așa Îl privești pe Isus, atunci ești un credincios.

Cum ajungi la credință? Ajungi la credință ațintindu-ți privirea asupra lui Isus. Cum crești în credință? Continui să crești atunci când privești mereu înspre locul unde credința ta a început. Unde a început credința ta? *Privind la Isus*. Cum va crește credința ta și cum se va desăvârși? *Privind la Isus*.

Adeseori suntem dezamăgiți atunci când ne fixăm privirea asupra altui om, doar pentru a-i descoperi lipsurile și falimentele. Indiferent cât de bună și minunată pare a fi o persoană, atunci când o cunoaștem cu adevărat, începem să vedem persoana în întregime, cu toate imperfecțiunile. Din cauza aceasta credința ta nu trebuie să fie ancorată într-o persoană, pentru că orice persoană e imperfectă. Dar, cu cât Îl cunoaștem mai bine pe Isus, cu atât mai clar vedem desăvârșirea Sa.

**Cu cât Îl cunoaștem mai bine pe Isus,
cu atât mai clar vedem desăvârșirea Sa.**

A crește în cunoașterea lui Isus duce la creșterea credinței noastre. El este cel care ne cheamă să alergăm. El este autorul credinței noastre. El este începutul credinței noastre. Credința noastră este este de la El, prin El și pentru El. Totul este pentru Isus.

Prietene, ce capitol minunat va începe în viața noastră în momentul în care Creștinismul nostru nu va mai fi doar un crez și va fi Hristos. Un capitol cu adevărat nou. Pavel spunea: „Știu *în cine* am crezut." El nu spunea: „Știu *ce* am crezut." Este o diferență atât de mare între cele două. Scopul vieții noastre este să trăim pentru Isus, pentru că Îl cunoaștem. *Isus este scopul nostru, deci să alergăm pentru El.*

ISUS MODELUL NOSTRU

Observați de asemenea că Isus este *modelul* nostru. Trebuie să alergăm *ca* El. Cum a alergat Isus cursa Sa? Evrei 12:2 ne spune: „...care pentru bucuria care-I era pusă înainte, a suferit crucea, a disprețuit rușinea..." Isus a alergat cu credincioșie. A alergat până la linia de sosire pe pământ, iar pentru El linia de sosire a însemnat cumplita cruce—păcatul și rușinea. Isus le-a îndurat, dar observați motivul pentru care a făcut-o.

A îndurat Isus rușinea crucii pentru că Tatăl I-a spus că trebuie să o facă? Nu. De ce atunci? Datorită ție? Nu. Citește versetul 2 cu atenție. De ce a îndurat Isus crucea și a disprețuit rușinea? *A făcut-o datorită bucuriei.*

Isus a îndurat crucea din pricina bucuriei pe care o avea înainte.

Nu pentru bucuria crucii; crucea nu implica nicio formă de bucurie. Crucea implica doar groază. Isus a îndurat crucea din pricina bucuriei care-I era pusă înainte. Era datorită a ceea ce a urmat crucii. A fost ceva ce putea deja să vadă. Ceva atât de slăvit, atât de minunat și uimitor că Isus a îndurat crucea de dragul acelei bucurii. Ce era aceasta? Să Îi permitem Lui să ne spună. Aflăm de ce a îndurat Isus crucea, atunci când ascultăm una dintre rugăciunile pe care le-a înălțat Tatălui:

> Tată vreau ca acolo unde sunt Eu, să fie împreună cu Mine și aceia pe care Mi i-ai dat Tu, ca să vadă slava Mea, slavă pe care mi-ai dat-o Tu; fiindcă Tu m-ai iubit înainte de întemeierea lumii. (Ioan 17:24)

Isus a suferit crucea pentru a putea împărtăși Slava iubirii Tatălui. Cunoscuse iubirea incredibilă, infinită, a Tatălui din veșnicie, iar acum dorea să o împărtășească și cu tine. De aceea a suferit crucea și a disprețuit rușinea. Totul s-a datorat bucuriei de a se întoarce la iubirea glorioasă a Tatălui și de a-i lua pe păcătoși cu el pentru a-i face parte a acestei realități. Ce Salvator!

    E uimitor cum atât de mulți oameni se târăsc, se plâng și sunt amărâți, fără să se gândească la bucuria cunoașterii lui Hristos. Suntem o parte a familiei lui

Dumnezeu. Suntem acceptați. A existat o vreme când fiecare pas pe care îl făceam ne ducea mai aproape de iad. Acum, fiecare pas ne duce mai aproape de casă. Acum trăim vieți care contează și care au un scop.

ISUS RĂSPLATA NOASTRĂ

Isus este ținta noastră, astfel că alergăm pentru El. Isus este modelul nostru, astfel că alergăm ca El. Dar Isus este și răsplata noastră, astfel, că noi alergăm către El.

> ...Să ne uităm țintă la Căpetenia și Desăvârșirea credinței noastre, adică la Isus, care, pentru bucuria care-I era pusă înainte, a suferit crucea, a disprețuit rușinea și șade la dreapta scaunului de domnie al lui Dumnezeu.
> (Evrei 12:2)

Isus Și-a încheiat alergarea, S-a întors la tronul lui Dumnezeu și s-a așezat pe scaunul biruitorului. El este acolo, mijlocind pentru noi și rugându-se pentru noi chiar acum. El este acolo cu cununa biruitorului în mână, gata să o dăruiască tuturor celor ce aleargă cu credincioșie. Noi alergăm către El. Biblia spune: „să ne uităm țintă la Isus..." pentru că trebuie să ne fixăm ochii în fiecare zi asupra Sa. Aceasta înseamnă acest cuvânt—o persoană care stă pe vârfurile degetelor, căutând să vadă cât mai bine. Ochii noștri sunt ațintiți asupra Lui, iar atunci când ochii sunt ațintiți asupra Lui putem alerga cu bucurie în inimă, pentru că totul este de dragul Lui. Este prin El, este de la El și, Slavă Domnului, către El.

Biblia spune: „Alergați, dar, în așa fel, ca să căpătați premiul!" (1 Corinteni 9:24). Pot să te asigur prietene, atunci când vei ajunge în cer, privirea nu îți va fi atrasă de cunună, de casa pe care o vei primi sau de străzile de aur. Privirea ta va fi ațintită asupra lui Hristos. Hristos este premiul.

În cântecul „Nisipurile timpului se scufundă," Anne Ross Cundell Cousin scria aceste cuvinte:

> Ochii miresei nu privesc la haina ei frumoasă,
> ci la fața dragă a Mirelui ei drag; nu voi privi la
> glorie, ci la Regele meu, Regele harului. Nu la
> cununa pe care mi-o oferă, ci la palma sa
> străpunsă; Mielul este în întregime Gloria
> Țării lui Emanuel.

Hristos Însuși este răsplata. El este motivul alergării noastre. El este bucuria care ne este pusă înainte. Să alergăm deci cursa, ațintindu-ne privirea asupra lui Isus.

Prietene, poate că lupți pentru credința ta azi. Nu privi la tine însuți pentru a căpăta credință și nu privi nici în jurul tău căutând credință. Privește la Isus. Credința vine atunci când privești la El. Poate îți spui: *„Am căzut prea jos. Mai pot fi iertat?"* Privește la Isus. Nu privi la păcatul tău. Privește la Mântuitorul care a murit pentru păcatul tău. Cheamă-L în rugăciune chiar acum. Vino la El și fii mântuit. Aleargă către Isus...*Prin credință.*

GHID C.E.A.R.

Citește:

- Citește Evrei 12:1-2 de câteva ori.
- Care crezi că este ideea principală pe care autorul dorește să o comunice în aceste versete?

Explorează:

1. Termenul „dar" (Evrei 12:1) îi leagă pe cei din Galeria Credinței (Evrei 11) de toți urmașii lui Isus care pășesc cu El, acum, prin credință. Cum sunt cei credincioși din Evrei 11 descriși în 12:1?
2. La ce se referă cele două porunci care încep cu „să dăm" și „să alergăm"?
3. Cu ce alergare este comparată trăirea prin credință din versetul 1? În ce fel este aceasta o descriere adecvată a unei vieți trăite prin credință?
4. Cum este descris păcatul în versetul 1? Ce ne comunică acest lucru despre provocările cu care credincioșii se confruntă trăind prin credință?

5. Credincioșilor li se poruncește să alerge alergarea „uitându-se la Isus" (12:2). Înregistrează aici tot ceea ce înveți despre Isus și ceea ce credincioșii trebuie să vadă uitându-se la El.

APLICĂ:

- Acest pasaj bogat și prețios face referire la fiecare credincios, dar devine mai prețios prin experiența celui care suferă pentru Hristos. În ce fel este acest pasaj menit să îi mângâie pe cei din întreaga lume care sunt extrem de persecutați pentru credința lor în Hristos?
- Cum ai descrie o viață de creștin cuiva, bazat pe ceea ce citești în Evrei 12:1-2? Te surprinde această descriere a vieții Creștine?
- Ce pași poți face pentru a-i încuraja pe ceilalți care poate trec prin greutăți în umblarea lor cu Hristos?

ROAGĂ-TE:

- Mulțumește-i lui Dumnezeu pentru numărul mare de martori pe care ni i-a dat, pentru a încuraja lucrarea noastră cu El.

- Cere-i lui Dumnezeu să-ți arate orice piedică căreia îi dai voie în viața ta, care probabil că nu este greșită, dar te încetinește și îți îngreunează alergarea înspre Isus. Mărturisește-i lui Dumnezeu toate păcatele știute care îți îngreunează o experimentare deplină a lui Hristos. Cere-i Duhului Sfânt să te ajute să „dai la o parte" acele piedici și păcate.
- Cere-i lui Dumnezeu să lucreze cu cei care suferă persecuții pentru Hristos din întreaga lume.

Despre Climbing Angel Publishing

Climbing Angel Publishing există pentru a împărtăși istorisiri ale speranței și încurajării, contribuind la coagularea comunității și sprijinind procesul de îmbunătățire al acesteia. Următoarele cărți sunt disponibile la ClimbingAngel.com și în principalele librării.

Cărți pentru adulți: (Romani 8:28-30)

După Chipul Său
Prin Credință
Fără încetare

Cărți pentru copii: (Filipeni 4:8)

Îngerul pomului de Crăciun
Renul neterminat
Tronc
Un iepuraș de iubit

Grow into the likeness of Christ with Sam Polson's book, *IN HIS IMAGE!*

"Dincolo de modul profund și fascinant în care Pastorul Sam Polson ne poartă pe firul semnificației și implicațiilor practice ale tematicii chipului lui Dumnezeu în Scriptură, *După Chipul Său* este o carte care izvorăște atât din studiul și trăirea acestor adevăruri, cât și dintr-o bogată experiență de slujire pastorală."
— *Pastor Eugen Groza, Biserica Baptistă Betania (Timișoara, România)*

Disponibilă în:
Engleză (ISBN 978-0-99657-219-4)
Română (ISBN 978-0-99657-218-7)
Chineză (ISBN 978-1-64370-036-6)
www.climbingangel.com

Learning to be a PRAYER WARRIOR is a JOURNEY

Strengthen this ability in a group with this new book by Climbing Angel Publishing!

www.ingramcontent.com/pod-product-compliance
Lightning Source LLC
Chambersburg PA
CBHW030317080526
44584CB00012B/596